I0203504

Gítá Ashtávakra

Aṣṭāvakra Gītā

Gítá Ashtávakra

Aṣṭāvakra Gītā

Eagrán dátheangach i Sanscrait agus i nGaeilge

Ashtávakra

a scríobh

Traschruthaithe i nGaeilge ag

Gabriel Rosenstock

evertype

2019

Arna fhoilsiú ag Evertype, 19A Corso Street, Dundee, DD2 1DR, Alba / Scotland.
www.evertype.com.

Tá taifead catalóige don leabhar seo le fáil ó Leabharlann na Breataine.
A catalogue record for this book is available from the British Library.

ISBN-10 1-78201-257-5
ISBN-13 978-1-78201-257-3

Dearadh agus clóchur: Michael Everson.
Baskerville and New Pelican na clónna.

Clúdach: Michael Everson. "Circle Floral design" © Krishna Kharidehal, www.dreamstime.com/krishnasomya_info.

Gítá Ashtávakra

Aṣṭāvakra Gītā

Anukramaṇikā

Clár an ábhair

1

Sākṣi

Janaka uvāca ||

kathaṃ jñānamavāpnoti kathaṃ muktirbhaviṣyati |
vairāgyaṃ ca kathaṃ prāptaṃ etad brūhi mama prabho || 1-1 ||

Aṣṭāvakra uvāca ||

muktiṃ icchasi cettāta viṣayān viṣavattyaja |
kṣamārjavadayātoṣasatyaṃ pīyūṣavad bhaja || 1-2 ||

na pṛthvī na jalaṃ nāgnirna vāyurdyaurna vā bhavān |
eṣāṃ sākṣiṇamātmānaṃ cidrūpaṃ viddhi muktaye || 1-3 ||

1
Treoracha Féineolais

Arsa Janaka Maharaja:

1.1 A Mháistir!
Conas a thagann duine ar an Eolas?
Conas Saoirse a bhaint amach?
Conas teacht ar Shuaimhneas Intinne?
Inis sin go léir dom, a Thiarna.

Arsa Ashtávakra, saoi:

1.2 Más Saoirse atá uait, a mhic,
Seachain mar a sheachnófá nimh
Gach a ndíríonn na céadfaí orthu.
Cothaigh caoinfhulaingt
Macántacht
Atrua
Soilíos
Agus an fhírinne
Mar fhrithnimh ina n-aghaidh.

1.3 Ní d'aon chuid de na dúile thú—
Cré, uisce, tine, aer
Ná éitear fiú: chun Saoirse a bhaint amach,
Tuig gur tú an Comhfhios
An Finné orthu san
Croí an Airdill.

yadi dehaṃ pṛthak kṛtya citi viśrāmya tiṣṭhasi |
adhunaiva sukhī śānto bandhamukto bhaviṣyasi || 1-4 ||

na tvaṃ viprādiko varṇo nāśramī nākṣagocaraḥ |
asaṅgo'si nirākāro viśvasākṣī sukhī bhava || 1-5 ||

dharmādharmau sukhaṃ duḥkhaṃ mānasāni na te vibho |
na kartāsi na bhoktāsi mukta evāsi sarvadā || 1-6 ||

eko draṣṭāsi sarvasya muktaprāyo'si sarvadā |
ayameva hi te bandho draṣṭāraṃ paśyasītaram || 1-7 ||

ahaṃ kartetyahaṃmānamahākṛṣṇāhidaṃśitaḥ |
nāhaṃ karteti viśvāsāmṛtaṃ pītvā sukhī bhava || 1-8 ||

1.4 Má fhanann tú ar do shuaimhneas sa Chomhfhios
Tú féin a fheiscint neamhspleách ar an gcolainn
Ansin—anois féin fiú—d'fhéadfá a bheith sona
Síochánta
Agus saor ó chuing
Go deo.

1.5 Ní d'ardaicme ná de shainaicme ar bith thú
Níl dualgas ar bith ort.
Ná ní rud thú a bhfuil radharc ag an tsúil air.
Neamhcheangailte gan chruth atá tú
I d'Fhinné ar an uile ní.
Mar sin bí sochma sona suairc!

1.6 Ceart is mícheart
Pléisiúr is pian
Is den aigne iad
Ní bhaineann siad leat.
Ní tú an gníomhaí
Ná ní leatsa toradh an ghnímh.
Mar sin, tá tú saor gach áit
I gcónaí.

1.7 Is tú an Finné aonair
Ar an uile ní,
Go hiomlán saor
An t-am ar fad.
Fáth do dhaoirse nach léir duit sin.

1.8 Bhain nathair dhubh plaic asat le
"Mise an gníomhaí";
Ól an fhrithnimh ina aghaidh—"Ní mise an gníomhaí"—
Is blais den sonas.

eko viśuddhabodho'haṃ iti niścayavahninā |
prajvālyājñānagahanaṃ vītaśokaḥ sukhī bhava || 1-9 ||

yatra viśvamidaṃ bhāti kalpitaṃ rajjusarpavat |
ānandaparamānandaḥ sa bodhastvaṃ sukhaṃ bhava || 1-10 ||

muktābhimānī mukto hi baddho baddhābhimānyapi |
kiṃvadantīha satyeyaṃ yā matiḥ sā gatirbhavet || 1-11 ||

ātmā sākṣī vibhuḥ pūrṇa eko muktaścidakriyaḥ |
asaṃgo niḥspṛhaḥ śānto bhramātsaṃsāravāniva || 1-12 ||

kūṭasthaṃ bodhamadvaitamātmānaṃ paribhāvaya |
ābhāso'haṃ bhramaṃ muktvā bhāvaṃ bāhyamathāntaram || 1-13 ||

1.9 Cuir foraois an aineolais trí thine
Leis an tuiscint gur tú an tAirdeall aonair.
Bí sona
Agus saor ó bhuairt.

1.10 Is tú an Comhfhios gan teorainn.
Lúcháir is ea thú agus ardríméad
Ina nochtar an cosmas mar sheachmall—
An rópa a shamhlaítear ina nathair—
Bí lán de shult!

1.11 Is fíor a ndeirtear:
Is tú ábhar do chuid smaointe.
Samhlaigh go bhfuil ceangal ort
Agus beidh ceangal ort.
Samhlaigh gur saor atá tú—
Beidh tú saor.

1.12 Is tú an Féin—an Finné Aonair.
Foirfe atá tú, forleathan, i d'Aon.
Saor atá tú
Gan dúil
De shíor gan chorraí.
Níl sa chruinne ionat ach an chuma atá ort.

1.13 Machnaigh air seo, "Is mé an tAirdeall[1] leis féin—
Aontacht iomlán."
Éirigh as an nóisean gur duine scoite ar leith thú:
Níl istigh ná amuigh ann.

1 *Chidakasha nó cidākāśa*: spás glé an Airdill; spéir ghlan an Chomhfheasa.

dehābhimānapāśena ciraṃ baddho'si putraka |
bodho'haṃ jñānakhaṃgena tannikṛtya sukhī bhava || 1-14 ||

niḥsaṃgo niṣkriyo'si tvaṃ svaprakāśo niraṃjanaḥ |
ayameva hi te bandhaḥ samādhimanutiṣṭhati || 1-15 ||

tvayā vyāptamidaṃ viśvaṃ tvayi protaṃ yathārthataḥ |
śuddhabuddhasvarūpastvaṃ mā gamaḥ kṣudracittatām || 1-16 ||

nirapekṣo nirvikāro nirbharaḥ śītalāśayaḥ |
agādhabuddhirakṣubdho bhava cinmātravāsanaḥ || 1-17 ||

sākāramanṛtaṃ viddhi nirākāraṃ tu niścalam |
etattattvopadeśena na punarbhavasambhavaḥ || 1-18 ||

1.14 Is fada gafa thú ag an smaoineamh seo:
"Is colainn mé, is pearsa mé."
Lig don eolas seo, "Airdeall mé, sin uile"
A bheith mar chlaíomh a shaorfaidh thú.

1.15 Tá tú saor anois is go deo
Féin-soilseach, trédhearcach, ciúin.
Coinneoidh an machnamh, suaimhniú na haigne,
I ngeimhle thú: Airdeall is ea machnamh
Machnamh is ea Airdeall.

1.16 Is Comhfhios gan teimheal thú—
Stuif na cruinne.
Istigh ionat atá an chruinne.
Ná bí caolaigeanta!

1.17 Neamhchoinníollaithe atá tú
Gan athrú
Gan chruth.
Soladach, dothomhaiste, socair.
Ná santaigh aon ní. Is Comhfhios thú.

1.18 An rud a bhfuil cruth air
Ní fíor é.
An rud gan chruth
É sin amháin atá buan.
Nuair a thuigtear sin
Ní bhéarfaidh an bhréag greim ort arís go deo.

yathaivādarśamadhyasthe rūpe'ntaḥ paritastu saḥ |
tathaivā'smin śarīre'ntaḥ paritaḥ parameśvaraḥ || 1-19 ||

ekaṃ sarvagataṃ vyoma bahirantaryathā ghaṭe |
nityaṃ nirantaraṃ brahma sarvabhūtagaṇe tathā || 1-20 ||

1.19 Faoi mar atá scáthán laistigh agus lasmuigh
San íomhá atá á frithchaitheamh aige
Tá an tArd-Fhéin laistigh agus lasmuigh
Den cholainn araon.

1.20 Faoi mar atá an spás céanna ann
Laistigh agus lasmuigh den phróca
Maireann an tAon
Forleathan síoraí
Ina Iomláine.

2

Āścaryam

Janaka uvāca ||

aho niraṃjanaḥ śānto bodho'haṃ prakṛteḥ paraḥ |
etāvantamahaṃ kālaṃ mohenaiva viḍambitaḥ || 2-1 ||

yathā prakāśayāmyeko dehamenaṃ tathā jagat |
ato mama jagatsarvamathavā na ca kiṃcana || 2-2 ||

sa śarīramaho viśvaṃ parityajya mayādhunā |
kutaścit kauśalād eva paramātmā vilokyate || 2-3 ||

yathā na toyato bhinnāstaraṃgāḥ phenabudbudāḥ |
ātmano na tathā bhinnaṃ viśvamātmavinirgatam || 2-4 ||

2
Ríméad an Fhéineolais

Arsa Janaka Maharaja:

2.1 Táimse anois gan teimheal
Lán de shuaimhneas—
An tAirdeall atá lastall den Chomhfhios.
An t-am ar fad go dtí seo
Bhí bob buailte ag Maya[2] orm.

2.2 Is tríd an solas seo amháin
A nochtar an cholainn agus an chruinne.
Gach Aon Ní mé mar sin
Nó Faic.

2.3 Nuair a fheictear nach bhfuil cruinne ann
Ná colainn
Nochtar an Féin síoraí
Trí ghrásta.

2.4 Faoi mar nach éagsúil ó uisce iad
Tonnta
Cúr is súilíní
Ní éagsúil ón bhFéin í
An chruinne a thagann ón bhFéin.

---

2 Seachmall.

tantumātro bhaved eva paṭo yadvad vicāritaḥ |
ātmatanmātramevedaṃ tadvad viśvaṃ vicāritam || 2-5 ||

yathaivekṣurase klṛptā tena vyāptaiva śarkarā |
tathā viśvaṃ mayi klṛptaṃ mayā vyāptaṃ nirantaram || 2-6 ||

ātmajñānājjagad bhāti ātmajñānānna bhāsate |
rajjvajñānādahirbhāti tajjñānād bhāsate na hi || 2-7 ||

prakāśo me nijaṃ rūpaṃ nātirikto'smyahaṃ tataḥ |
yadā prakāśate viśvaṃ tadāhaṃ bhāsa eva hi || 2-8 ||

aho vikalpitaṃ viśvamajñānānmayi bhāsate |
rūpyaṃ śuktau phaṇī rajjau vāri sūryakare yathā || 2-9 ||

matto vinirgataṃ viśvaṃ mayyeva layameṣyati |
mṛdi kumbho jale vīciḥ kanake kaṭakaṃ yathā || 2-10 ||

2.5 Féach go géar ar éadach:
Níl ann ach snáthanna!
Féach go géar ar an gcruinne:
Níl ann ach an Féin.

2.6 Faoi mar atá milseacht
I ngach cuid den sú cána siúcra
Mise eisint
Na cruinne.

2.7 Nuair nach bhfeictear an Féin
Nochtann an domhan.
Nuair a fheictear an Féin
Imíonn an domhan as radharc.
Ní nathair é an rópa
Ach d'fhéadfadh an chuma sin a bheith air.
Imeoidh an nathair nuair a thuigtear
Gur rópa é an rópa.

2.8 Ní haon ní eile mé ach Solas.
Is trí m'fhéachaintse
A léiríonn an chruinne
Í féin.

2.9 Nochtann meabhalscáil na cruinne ionamsa
Mar a nochtann airgead sa néamhann
Mar a nochtann rópa mar nathair
Mar a nochtann uisce ar fhíor na spéire
Sa ghaineamhlach.

2.10 Filleann pota ar an gcré
Filleann tonn ar uisce
Bráisléad ar ór
Agus fillfidh an chruinne amhlaidh Ormsa.

aho ahaṃ namo mahyaṃ vināśo yasya nāsti me |
brahmādistambaparyantaṃ jagannāśo'pi tiṣṭhataḥ || 2-11 ||

aho ahaṃ namo mahyaṃ eko'haṃ dehavānapi |
kvacinna gantā nāgantā vyāpya viśvamavasthitaḥ || 2-12 ||

aho ahaṃ namo mahyaṃ dakṣo nāstīha matsamaḥ |
asaṃspṛśya śarīreṇa yena viśvaṃ ciraṃ dhṛtam || 2-13 ||

aho ahaṃ namo mahyaṃ yasya me nāsti kiṃcana |
athavā yasya me sarvaṃ yad vāṅmanasagocaram || 2-14 ||

jñānaṃ jñeyaṃ tathā jñātā tritayaṃ nāsti vāstavam |
ajñānād bhāti yatredaṃ so'hamasmi niraṃjanaḥ || 2-15 ||

2.11 Go deimhin, is iontach go deo mé—
Lastall d'adhradh.
Meath ná bás níl i ndán dom
Fiú má thagann deireadh le Dia
Agus leis an gcruinne uile
Is gan oiread is brobh féir fágtha
Beidh mise ann.

2.12 Iontach go deo atáim—
Lastall d'adhradh.
Fiú agus mé i gcolainn, is Aon mé.
Ní thagaim is ní imím.
Táim gach áit san am céanna
Gach áit agam á líonadh.

2.13 Go deimhin, is iontach go deo mé—lastall d'adhradh.
Cuireann mo chumhachtaí iontas orm.
Nochtann an chruinne ionam
Ach ní bhainimse léi.

2.14 Iontach!
Iontach go deo atáim—
Lastall d'adhradh.
Is gach smaoineamh mé
Gach briathar
Is fós gan aon ní agam.

2.15 Dáiríre, ní hann don eolas
Ná don té a bhfuil eolas aige
Ná slí chun foghlama.
Mise an Féin trédhearcach
Trína nochtar iad sin
De dheasca an aineolais.

dvaitamūlamaho duḥkhaṃ nānyattasyā'sti bheṣajam |
dṛśyametan mṛṣā sarvaṃ eko'haṃ cidrasomalaḥ || 2-16 ||

bodhamātro'hamajñānād upādhiḥ kalpito mayā |
evaṃ vimṛśato nityaṃ nirvikalpe sthitirmama || 2-17 ||

na me bandho'sti mokṣo vā bhrāntiḥ śānto nirāśrayā |
aho mayi sthitaṃ viśvaṃ vastuto na mayi sthitam || 2-18 ||

saśarīramidaṃ viśvaṃ na kiṃciditi niścitam |
śuddhacinmātra ātmā ca tatkasmin kalpanādhunā || 2-19 ||

2.16 Cúis gach ainnise is ea breathnú ar an Aon
Is an t-iliomad a fheiscint.
Níl aon leigheas air ach é seo a thuiscint—
An rud a fheictear ní hann dó.
Níl ann ach an Fhírinne, an Comhfhios.

2.17 Mise an tAon—
Airdeallach
Ríméadach
Gan smál.
Airdeall gan chuimse mé.
Sa tsamhlaíocht amháin a shamhlaítear teorainn liom.
Ag machnamh air sin dom de shíor
Mairim san Absalóid.

2.18 Ní saor ná teanntaithe atáim.
Baineann seachmall lena leithéid sin—
Ná géilltear dó.
Ionamsa atá an chruinne
Mar sin féin gan substaint atá sí.

2.19 Nuair is léir go cinnte
Nach mbaineann foirm ná substaint
Leis an gcruinne
Ná leis an gcolainn seo
Nochtar mé mar Airdeall amháin.
Níl áit anseo don tsamhlaíocht.

śarīraṃ svarganarakau bandhamokṣau bhayaṃ tathā |
kalpanāmātramevaitat kiṃ me kāryaṃ cidātmanaḥ || 2-20 ||

aho janasamūhe'pi na dvaitaṃ paśyato mama |
araṇyamiva saṃvṛttaṃ kva ratiṃ karavāṇyaham || 2-21 ||

nāhaṃ deho na me deho jīvo nāhamahaṃ hi cit |
ayameva hi me bandha āsīdyā jīvite spṛhā || 2-22 ||

aho bhuvanakallolairvicitrairdrāk samutthitam |
mayyanaṃtamahāmbhodhau cittavāte samudyate || 2-23 ||

mayyanaṃtamahāmbhodhau cittavāte praśāmyati |
abhāgyājjīvavaṇijo jagatpoto vinaśvaraḥ || 2-24 ||

mayyanantamahāmbhodhāvāścaryaṃ jīvavīcayaḥ |
udyanti ghnanti khelanti praviśanti svabhāvataḥ || 2-25 ||

2.20 Is sa tsamhlaíocht amháin atá an cholainn
Agus neamh mar an gcéanna,
Ifreann
Daoirse
Saoirse
Eagla.
An mbaineann nithe mar sin liomsa?
Mise, i m'Airdeall íon dom?

2.21 Ní léir domsa éagsúlachtaí ar bith ná scarúint.
Mar ghaineamhlach aonair amháin
Gan chruth
Is ea an uile ní, an uile neach.
Cad leis a gcloífinnse?

2.22 Ní mé an cholainn.
Níl colainn agam.
Is Airdeall mé, seachas pearsa.
Dúil sa bheatha a chuir cuma na beatha orm.

2.23 San aigéan Díomsa gan teorainn
Cuireann gaotha na haigne
Tonn i ndiaidh toinne ag gluaiseacht.

2.24 Ach nuair a shíothlaíonn an ghaoth
Ar an aigéan gan teorainn
Slogtar áirc na pearsanúlachta
I dteannta na cruinne atá ar bord.

2.25 Agus nach iontach go deo é!
San aigéan seo Díomsa
Gan teorainn—
Neacha ag éirí ina dtonnta
Ina n-imbhualadh agus sa spraoi dóibh seal
Go n-imíonn as amharc
Mar is dual dóibh.

3

Ātmādvaita

Aṣṭāvakra uvāca ||

avināśinamātmānaṃ ekaṃ vijñāya tattvataḥ |
tavātmajñānasya dhīrasya kathamarthārjane ratiḥ || 3-1 ||

ātmājñānādaho prītirviṣayabhramagocare |
śukterajñānato lobho yathā rajatavibhrame || 3-2 ||

viśvaṃ sphurati yatredaṃ taraṅgā iva sāgare |
so'hamasmīti vijñāya kiṃ dīna iva dhāvasi || 3-3 ||

śrutvāpi śuddhacaitanya ātmānamatisundaram |
upasthe'tyantasaṃsakto mālinyamadhigacchati || 3-4 ||

sarvabhūteṣu cātmānaṃ sarvabhūtāni cātmani |
munerjānata āścaryaṃ mamatvamanuvartate || 3-5 ||

3

Tástáil an Fhéineolais

Arsa Ashtávakra, saoi:

3.1 Tar éis duit tú féin a thuiscint mar Aon
Sámh ionat féin
Is doscriosta
Conas a shantófá maoin?

3.2 Nuair a shamhlaítear airgead sa néamhann
Tagann saint chun cinn.
Sa tslí chéanna tagann dúil sa seachmall
Trí aineolas ar an bhFéin.

3.3 Nuair a thuigtear duit gur Ionatsa
A éiríonn is a thiteann tonnta an domhain
Cén fáth a rithfeá thart sa chíor thuathail seo?

3.4 An é nár chuala tú gur Airdeall íon atá ionat?
Níl léamh scríobh ná insint béil ar d'áilleachtsa—
Conas a ligfeá don drúis a bheith ina máistir ort?

3.5 Is ait go mbraithfeadh saoi a fheiceann an Féin
San Iomlán agus an tIomlán san Fhéin
Is ait go mbraithfeadh sé úinéireacht fós ar aon ní.

āsthitaḥ paramādvaitaṃ mokṣārthe'pi vyavasthitaḥ |
āścaryaṃ kāmavaśago vikalaḥ keliśikṣayā || 3-6 ||

udbhūtaṃ jñānadurmitramavadhāryātidurbalaḥ |
āścaryaṃ kāmamākāṅkṣet kālamantamanuśritaḥ || 3-7 ||

ihāmutra viraktasya nityānityavivekinaḥ |
āścaryaṃ mokṣakāmasya mokṣād eva vibhīṣikā || 3-8 ||

dhīrastu bhojyamāno'pi pīḍyamāno'pi sarvadā |
ātmānaṃ kevalaṃ paśyan na tuṣyati na kupyati || 3-9 ||

ceṣṭamānaṃ śarīraṃ svaṃ paśyatyanyaśarīravat |
saṃstave cāpi nindāyāṃ kathaṃ kṣubhyet mahāśayaḥ || 3-10 ||

3.6 Is ait go mbeadh duine a chónaíonn san Absalóid
É tiomanta don tsaoirse
Is ait go mbeadh an duine sin i mbaol drúise
Agus phléisiúir an ghrá.

3.7 Is aisteach go mbeadh duine a thuigeann
Gur namhaid an eolais í an drúis
Is aisteach go mbeadh duine atá chomh lag
Agus atá gar don bhás
Fós ag santú phléisiúr na gcéadfaí.

3.8 Is aisteach go mbeadh duine nach bhfuil ceangal
Ag an saol seo ná ag an saol atá le teacht air
A thuigeann an difríocht idir neamhbhuaine agus buaine
A shantaíonn an tsaoirse
Is ait go mbeadh eagla air roimh scrios na colainne.

3.9 Is san Fhéin a mhaireann an saoi go sámh
De shíor
Is cuma má mholtar
Nó má cháintear é.
Ní theagmhaíonn sásamh leis
Ná fearg.

3.10 Féachann anam mór
Ar ghníomhartha a cholainne
Faoi mar ba le duine eile iad.
Conas a chuirfeadh moladh
Nó cáineadh corrabhuais air?

māyāmātramidaṃ viśvaṃ paśyan vigatakautukaḥ |
api sannihite mṛtyau kathaṃ trasyati dhīradhīḥ || 3-11 ||

niḥspṛhaṃ mānasaṃ yasya nairāśye'pi mahātmanaḥ |
tasyātmajñānatṛptasya tulanā kena jāyate || 3-12 ||

svabhāvād eva jānāno dṛśyametanna kiṃcana |
idaṃ grāhyamidaṃ tyājyaṃ sa kiṃ paśyati dhīradhīḥ || 3-13 ||

aṃtastyaktakaṣāyasya nirdvandvasya nirāśiṣaḥ |
yadṛcchayāgato bhogo na duḥkhāya na tuṣṭaye || 3-14 ||

3.11 Nuair a thuigtear gur seachmall is ea an chruinne
Nuair nach gcuirtear spéis inti níos mó
Cén eagla roimh bhás a bheadh ar an té
A bhfuil a aigne
Socair seasmhach?

3.12 An féidir an t-anam mór a chur i gcomparáid le héinne
An té atá sásta san Fhéineolas
Gan dúil?
Níl faic uaidh.

3.13 An té a bhfuil a aigne socair seasmhach
Ar léir dó nithe is gan faic laistiar díobh.
Conas a roghnódh seisean
Rud amháin
Thar rud eile?

3.14 An té atá gan cheangal
Nach gcuireann contrárthacht isteach air
Saor ó mhianta
Ní bhraitheann sé siúd pian
Ná pléisiúr
Is cuma cad a thitfidh amach.

4

Sarvamātmā

Janaka uvāca ||

hantātmajñānasya dhīrasya khelato bhogalīlayā |
na hi saṃsāravāhīkairmūḍhaiḥ saha samānatā || 4-1 ||

yat padaṃ prepsavo dīnāḥ śakrādyāḥ sarvadevatāḥ |
aho tatra sthito yogī na harṣamupagacchati || 4-2 ||

tajjñasya puṇyapāpābhyāṃ sparśo hyantarna jāyate |
na hyākāśasya dhūmena dṛśyamānāpi saṅgatiḥ || 4-3 ||

ātmaivedaṃ jagatsarvaṃ jñātaṃ yena mahātmanā |
yadṛcchayā vartamānaṃ taṃ niṣeddhuṃ kṣameta kaḥ || 4-4 ||

4

Glóir an Fhéineolais

Arsa Janaka Maharaja:

4.1 Cinnte, an té a chuireann eolas ar an bhFéin
Cé go n-imríonn sé cluiche an tsaoil
Is mór an difear idir é agus beithígh an domhain seo
Faoina n-ualach mór
Agus mearbhall orthu.

4.2 Go deimhin,
Ní bhraitheann iógaí sceitimíní ar bith
Cé gur sa staid mhómhar sin atá sé
A shantaíonn Indrá
Agus na déithe míshásta eile go léir.

4.3 An té a thuigeann é Sin
Ní theagmhaíonn suáilce
Ná duáilce leis
Faoi mar nach gcuireann deatach isteach ar an spéir.

4.4 Cé atá in ann an t-anam mór—
A thuigeann an chruinne go léir mar Fhéin—
A chosc ón saol a chaitheamh mar a thagann?

ābrahmastambaparyante bhūtagrāme caturvidhe |
vijñasyaiva hi sāmarthyamicchānicchāvivarjane || 4-5 ||

ātmānamadvayaṃ kaścijjānāti jagadīśvaram |
yad vetti tatsa kurute na bhayaṃ tasya kutracit || 4-6 ||

4.5 I measc na gceithre saghsanna beatha[3] atá ann
Ó Bhráma
Go brobh féir,
An saoi amháin atá in ann éirí as fuath
Agus mianta.

4.6 Is annamh a fhaightear duine a thuigeann é Féin
Mar Aon, is eisean amháin—Tiarna na Cruinne.
Gníomhaíonn sé de réir an eolais sin
Agus ní thagann eagla riamh air.

3 Féachadh ar gach ní beo sa chruinne, na déithe san áireamh, sna catagóirí seo: *Jarāyuja* (as an mbroinn), *Andaja* (as ubh), *Svedaja* (as gal nó allas) agus *Udbhija* (ag péacadh aníos).

5

Laya

Aṣṭāvakra uvāca ||

na te saṃgo'sti kenāpi kiṃ śuddhastyaktumicchasi |
saṃghātavilayaṃ kurvannevameva layaṃ vraja || 5-1 ||

udeti bhavato viśvaṃ vāridheriva budbudaḥ |
iti jñātvaikamātmānaṃ evameva layaṃ vraja || 5-2 ||

pratyakṣamapyavastutvād viśvaṃ nāstyamale tvayi |
rajjusarpa iva vyaktaṃ evameva layaṃ vraja || 5-3 ||

5

Ceithre Shlí Chun Scaoilte

Arsa Ashtávakra, saoi:

5.1 Gan teimheal atá tú
Ní theagmhaíonn aon ní leat.
Cad atá ann is gá diúltú dó?
Tá an aigne casta—scaoil léi.
Cuir eolas ar an suaimhneas
A thagann leis an scaoileadh sin.

5.2 Asatsa a éiríonn an chruinne go léir
Ar nós chúr na mara.
Cuir eolas ort Féin
Mar Aon.
Glac chugat Féin an suaimhneas.

5.3 Mar a bheadh rópa a shamhlófá ina nathair
Is cosúil gurb ann don chruinne san Fhéin gan teimheal
Ach ní hann di.
Nuair is léir sin tuigtear
Nach bhfuil aon ní ann a gcaithfear scaoileadh leis.
Bí ar do shuaimhneas.

samaduḥkhasukhaḥ pūrṇa āśānairāśyayoḥ samaḥ |
samajīvitamṛtyuḥ sannevameva layaṃ vraja || 5-4 ||

5.4 Tá tú foirfe, gan athrú
I láthair an duaircis
Is an tsuaircis
I láthair an dóchais
Is an éadóchais
I láthair na beatha
Agus an bháis.
Staid an díscaoilte a thugtar air sin.
Bí ar do shuaimhneas.

6
Prakṛtaḥ Paraḥ

Janaka uvāca ||

ākāśavadananto'haṃ ghaṭavat prākṛtaṃ jagat |
iti jñānaṃ tathaitasya na tyāgo na graho layaḥ || 6-1 ||

mahodadhirivāhaṃ sa prapaṃco vīcisa'nnibhaḥ |
iti jñānaṃ tathaitasya na tyāgo na graho layaḥ || 6-2 ||

ahaṃ sa śuktisaṅkāśo rūpyavad viśvakalpanā |
iti jñānaṃ tathaitasya na tyāgo na graho layaḥ || 6-3 ||

ahaṃ vā sarvabhūteṣu sarvabhūtānyatho mayi |
iti jñānaṃ tathaitasya na tyāgo na graho layaḥ || 6-4 ||

6
An tArd-Eolas

Arsa Janaka Maharaja:

6.1 Spás infinideach atá ionam; próca is ea an chruinne.
Is eol dom sin.
Ní gá diúltú dó, glacadh leis, ná aon ní a scriosadh.

6.2 Aigéan mé gan trá;
Cruthaíonn an chruinne tonnta.
Is eol dom sin.
Ní gá diúltú dó
Glacadh leis
Ná aon ní a scriosadh.

6.3 Is geall le néamhann mé
Is geall le seachmall airgid í an chruinne.
Is eol dom sin.
Ní gá diúltú dó, glacadh leis, ná aon ní a scriosadh.

6.4 Táimse i ngach neach;
Sin í an fhírinne.
Tá gach neach ionamsa.
Is eol dom sin.
Ní gá diúltú dó
Glacadh leis
Ná aon ní a scriosadh.

7
Śānta

Janaka uvāca ||

mayyanaṃtamahāmbhodhau viśvapota itastataḥ |
bhramati svāṃtavātena na mamāstyasahiṣṇutā || 7-1 ||

mayyanaṃtamahāmbhodhau jagadvīciḥ svabhāvataḥ |
udetu vāstamāyātu na me vṛddhirna ca kṣatiḥ || 7-2 ||

mayyanaṃtamahāmbhodhau viśvaṃ nāma vikalpanā |
atiśāṃto nirākāra etadevāhamāsthitaḥ || 7-3 ||

7

Nádúr an Fhéineolais

Arsa Janaka Maharaja:

7.1 Ionamsa, an t-aigéan gan trá,
Gabhann áirc na cruinne ar fán
Thall is abhus
Ar ghaotha a nádúir féin.
Nílimse curtha amach puinn mar gheall air.

7.2 Lig do thonnta na cruinne
Éirí agus titim ionamsa
An t-aigéan gan trá
Éirí is titim ionamsa mar is mian leo.
Ní chuirtear liom puinn
Ná ní bhaintear díom.

7.3 Ionamsa, an t-aigéan gan trá,
A shamhlaítear an chruinne.
Táimse socair gan chruth.
Sa tsocracht sin gan chruth
Atá mo chónaí.

nātmā bhāveṣu no bhāvastatrānante niraṃjane |
ityasakto'spṛhaḥ śānta etadevāhamāstitaḥ || 7-4 ||

aho cinmātramevāhaṃ indrajālopamaṃ jagat |
iti mama kathaṃ kutra heyopādeyakalpanā || 7-5 ||

7.4 Ní i nithe atá an Féin
Ná ní san Fhéin íon infinideach atá nithe.
Tá an Féin suaimhneach
Saor ó cheangal
Agus saor ó mhianta.
Is ansin agus ansin amháin a chónaímse.

7.5 Airdeall amháin mé.
Comhfhios.
Feic is ea an domhan—
Seó—
Conas a shamhlófá
Glacadh leis nó diúltú dó?
Nach iontach!

8

Mokṣa

Aṣṭāvakra uvāca ||

tadā bandho yadā cittaṃ kiñcid vāñchati śocati |
kiṃcin muṃcati gṛṇhāti kiṃcid dṛṣyati kupyati || 8-1 ||

tadā muktiryadā cittaṃ na vāñchati na śocati |
na muṃcati na gṛṇhāti na hṛṣyati na kupyati || 8-2 ||

tadā bandho yadā cittaṃ saktaṃ kāśvapi dṛṣṭiṣu |
tadā mokṣo yadā cittamasaktaṃ sarvadṛṣṭiṣu || 8-3 ||

yadā nāhaṃ tadā mokṣo yadāhaṃ bandhanaṃ tadā |
matveti helayā kiṃcinmā gṛhāṇa vimuṃca mā || 8-4 ||

8

Daoirse agus Saoirse

Arsa Ashtávakra, saoi:

8.1 Má shantaíonn nó má chaoineann an aigne nithe
Má ghlactar le nithe
Nó má dhiúltaítear dóibh
Má tá an aigne sásta
Nó míshásta le cúrsaí—
Sin is daoirse ann.

8.2 Mura santaíonn nó mura gcaoineann an aigne nithe
Mura nglactar le nithe nó mura ndiúltaítear dóibh
Mura bhfuil an aigne sásta nó míshásta le cúrsaí
Tá an tsaoirse ar láimh.

8.3 Má tá an aigne ceangailte le heispéireas ar bith
Sin is daoirse ann.
Nuair atá an aigne neamhspleách
Ar gach eispéireas
Sin is saoirse ann.

8.4 Nuair nach bhfuil an "mise" ann
Níl ann ach saoirse.
Nuair a nochtann an "mise"
Tagann an daoirse ina theannta.
Nuair a thuigtear sin
Is fuirist staonadh ó ghlacadh is diúltú.

9

Nirveda

Aṣṭāvakra uvāca ||

kṛtākṛte ca dvandvāni kadā śāntāni kasya vā |
evaṃ jñātveha nirvedād bhava tyāgaparo'vratī || 9-1 ||

kasyāpi tāta dhanyasya lokaceṣṭāvalokanāt |
jīvitecchā bubhukṣā ca bubhutsopaśamaḥ gatāḥ || 9-2 ||

9

Seasamh Siar

Arsa Ashtávakra, saoi:

9.1 Fórsaí i gcoinne a chéile
Dualgais a chomhlíontar
Agus nach gcomhlíontar—
Cén deireadh a bheidh leis agus cé dó?
Nuair a chuimhníonn tú air sin
Bí de shíor gan mhianta.
Scaoil leis an uile ní
Agus caith súil ar nós cuma liom ar an saol.

9.2 Is méanar don duine sin—
An rud is annamh is iontach, a mhic—
Duine a bhfuil fonn air
A bheith beo
Sult a bhaint as nithe
Is eolas a chur orthu
Agus an dúil sin múchta ann
Tar éis dó nósanna an duine a thabhairt faoi deara.

anityaṃ sarvamevedaṃ tāpatritayadūṣitam |
asāraṃ ninditaṃ heyamiti niścitya śāmyati || 9-3 ||

ko'sau kālo vayaḥ kiṃ vā yatra dvandvāni no nṛṇām |
tānyupekṣya yathāprāptavartī siddhimavāpnuyāt || 9-4 ||

nānā mataṃ maharṣīṇāṃ sādhūnāṃ yogināṃ tathā |
dṛṣṭvā nirvedamāpannaḥ ko na śāmyati mānavaḥ || 9-5 ||

kṛtvā mūrtiparijñānaṃ caitanyasya na kiṃ guruḥ |
nirvedasamatāyuktyā yastārayati saṃsṛteḥ || 9-6 ||

9.3 Nuair is léir dó gur fulaingt faoi thrí
Atá san uile ní
Éiríonn an saoi ciúin ann féin.
Neamhshubstaintiúil
Neamhbhuan
Suarach—
Ní fiú a bheith leis an domhan seo.

9.4 An raibh aois ann nuair ba bheo don duine
Is gan contrárthacht ann?
Fág contrárthacht i do dhiaidh.
Bí sásta leis an méid a sheolfar id' líon.
Foirfeacht.

9.5 Is beag ní a n-aontaíonn siad ina thaobh—
An saoi is mó a bhí riamh ann
An naomh
An t-íógaí.
Nuair a chuimhnítear air sin
Cén duine nach bhféadfadh a bheith ar nós cuma liom
Faoin eolas
Agus éirí ciúin ann féin?

9.6 É siúd, trína bheith ar nós cuma liom faoin saol,
Trí shuaimhneas
Nó tríd an réasún
É siúd a fheiceann a nádúr féin
Agus a éalaíonn ón seachmall—
Nach fíor-oide, nach gúrú é siúd?

paśya bhūtavikārāṃstvaṃ bhūtamātrān yathārthataḥ |
tatkṣaṇād bandhanirmuktaḥ svarūpastho bhaviṣyasi || 9-7 ||

vāsanā eva saṃsāra iti sarvā vimuṃca tāḥ |
tattyāgo vāsanātyāgātsthitiradya yathā tathā || 9-8 ||

9.7 I bhfoirmeacha iomadúla na cruinne
Aithin an ghné phríomhúil
Agus an ghné sin amháin.
Beidh tú saor ar an toirt
Agus cónaí ort san Fhéin.

9.8 Mianta a chruthaíonn an domhan—
Cuir ina gcoinne.
Cuir i gcoinne mianta
Agus cuirfear i gcoinne an domhain.
Mair anois mar atá tú.
Saor.

10

Vairāgya

Aṣṭāvakra uvāca ||

vihāya vairiṇaṃ kāmamarthaṃ cānarthasaṃkulam |
dharmamapyetayorhetuṃ sarvatrānādaraṃ kuru || 10-1 ||

svapnendrajālavat paśya dināni trīṇi paṃca vā |
mitrakṣetradhanāgāradāradāyādisampadaḥ || 10-2 ||

yatra yatra bhavettṛṣṇā saṃsāraṃ viddhi tatra vai |
prauḍhavairāgyamāśritya vītatṛṣṇaḥ sukhī bhava || 10-3 ||

10

Suaimhneas

Arsa Ashtávakra, saoi:

10.1 Éirigh as mianta
Is iad an namhaid iad.
Éirigh as maoin
A eascraíonn as mioscais is dea-oibreacha.
Bí ar nós cuma liom.

10.2 Féach ar chairde
Ar thailte
Ar mhaoin
Ar thithe, ar mhná céile
Ar bhronntanais
Is ar an ádh
Mar a bheadh feic
Nó seó ann.
Brionglóid nach maireann ach ar feadh cúpla lá.

10.3 San áit a bhfuil mianta
Is ann a gheobhaidh tú an domhan.
Bí diongbháilte sa neamhspleáchas.
Bí saor ó dhúil.
Bí sona.

tṛṣṇāmātrātmako bandhastannāśo mokṣa ucyate |
bhavāsaṃsaktimātreṇa prāptituṣṭirmuhurmuhuḥ || 10-4 ||

tvamekaścetanaḥ śuddho jaḍaṃ viśvamasattathā |
avidyāpi na kiṃcitsā kā bubhutsā tathāpi te || 10-5 ||

rājyaṃ sutāḥ kalatrāṇi śarīrāṇi sukhāni ca |
saṃsaktasyāpi naṣṭāni tava janmani janmani || 10-6 ||

alamarthena kāmena sukṛtenāpi karmaṇā |
ebhyaḥ saṃsārakāntāre na viśrāntamabhūn manaḥ || 10-7 ||

kṛtaṃ na kati janmāni kāyena manasā girā |
duḥkhamāyāsadaṃ karma tadadyāpyuparamyatām || 10-8 ||

10.4 Sclábhaíocht agus mianta
Is ionann iad.
Scrios mianta
Agus beidh tú saor.
Ní go dtí go scartar ón domhan
A thuigtear an Féin go háthasach.

10.5 Aon is ea thú—an tAirdeall féin.
Níl an chruinne airdeallach
Agus ní hann di fiú amháin.
Ní hann don aineolas.
Cad atá fágtha chun eolas a chur air?

10.6 Bhí tú ceangailte le ríochtaibh
Le clann mhac
Le mná céile
Le pléisiúir—saol i ndiaidh saoil—
Is táid caillte anois is go deo.

10.7 Saibhreas
Pléisiúr
Gníomhartha cráifeacha . . .
Is leor sin!
I bhforaois leamh an tsaoil seo
Níl suaimhneas i ndán don aigne.

10.8 Cén fhaid duit—
Saol i ndiaidh saoil—
Obair mhaslach a dhéanamh
Led' cholainn, le d'aigne is le hurlabhra?
Tá sé in am agat éirí as
Anois!

11
Cidrūpa

Aṣṭāvakra uvāca ||

bhāvābhāvavikāraśca svabhāvāditi niścayī |
nirvikāro gatakleśaḥ sukhenaivopaśāmyati || 11-1 ||

īśvaraḥ sarvanirmātā nehānya iti niścayī |
antargalitasarvāśaḥ śāntaḥ kvāpi na sajjate || 11-2 ||

11

Gaois

Arsa Ashtávakra, saoi:

11.1 Bheith ann
Gan a bheith ann
Athrú—
Sin é an saol.
Nuair a thuigtear sin
Leanann ciúnas
Séimhe
Agus ríméad
Go nádúrtha.
Gan dua

11.2 An té a thuigeann gan cheist
Gurb é an Féin a chruthaíonn an uile ní
Agus é ina Thiarna.
Éiríonn sé ciúin
Gan mhianta
Gan cheangal.

āpadaḥ sampadaḥ kāle daivādeveti niścayī |
tṛptaḥ svasthendriyo nityaṃ na vānchati na śocati || 11-3 ||

sukhaduḥkhe janmamṛtyū daivādeveti niścayī |
sādhyādarśī nirāyāsaḥ kurvannapi na lipyate || 11-4 ||

cintayā jāyate duḥkhaṃ nānyatheheti niścayī |
tayā hīnaḥ sukhī śāntaḥ sarvatra galitaspṛhaḥ || 11-5 ||

nāhaṃ deho na me deho bodho'hamiti niścayī |
kaivalyaṃ iva samprāpto na smaratyakṛtaṃ kṛtam || 11-6 ||

11.3 An té a thuigeann gan cheist
Gur de réir na cinniúna
A thagann is a imíonn
Rath is drochrath
Beidh sé sásta i ndeireadh na dála
A chuid céadfaí faoi smacht aige.
Ní shantóidh sé
Ní chaoinfidh aon ní.

11.4 An té a thuigeann gan cheist
Gur de réir na cinniúna
A thagann is a imíonn
Breith is bás
Pléisiúr is pian
Níl faic le baint amach aige.
Gabhann sé le neamhaicsean
Agus é gan cheangal i lár aicsin.

11.5 An té a thuigeann gurb ionann
A bheith gafa leis an saol
Agus ainnise a chruthú
Beidh an duine sin saor
Sona
Séimh
Gan eagla, gan mhian.

11.6 "Ní mise an cholainn,
Ná ní liomsa an cholainn—
Is mé an tAirdeall féin."
An té a thuigeann an méid sin gan cheist
Ní bhíonn cuimhne aige ar nithe atá déanta
Ná neamhdhéanta.
Níl ann ach an Absalóid.

ābrahmastambaparyantamahameveti niścayī |
nirvikalpaḥ śuciḥ śāntaḥ prāptāprāptavinirvṛtaḥ || 11-7 ||

nāścaryamidaṃ viśvaṃ na kiṃciditi niścayī |
nirvāsanaḥ sphūrtimātro na kiṃcidiva śāmyati || 11-8 ||

11.7 "Níl ann ach mise—
Ó Bhráma
Go dtí an brobh féir."
An té a thuigeann an méid sin gan cheist
Beidh sé gan teimheal
Suaimhneach
Gan choimhlint.
Ní bheidh brí ar bith le gnóthú
Ná a mhalairt.

11.8 An té a thuigeann gan cheist
Nach aon ní í an chruinne iontach ilghnéitheach seo,
Airdeall gan dúil a bheidh ann,
Oscailte
Agus faoi mar nach raibh aon ní ann
Beidh sé saor ó bhuairt.

12
Svabhāva

Janaka uvāca ||

kāyakṛtyāsahaḥ pūrvaṃ tato vāgvistarāsahaḥ |
atha cintāsahastasmād evamevāhamāsthitaḥ || 12-1 ||

prītyabhāvena śabdāderadṛśyatvena cātmanaḥ |
vikṣepaikāgrahṛdaya evamevāhamāsthitaḥ || 12-2 ||

samādhyāsādivikṣiptau vyavahāraḥ samādhaye |
evaṃ vilokya niyamaṃ evamevāhamāsthitaḥ || 12-3 || |

12

Cónaí san Fhéin

Arsa Janaka Maharaja:

12.1 Ar dtús ghlacas col le gníomhaíocht
Ansin le caint iomarcach
Ansin sa deireadh le smaointeoireacht.
Is mar sin a d'éirigh liom.

12.2 Ní mheallann fuaimeanna binne mé
Ná braistintí na gcéadfaí.
Ní bhraithim mé féin fiú amháin.
Saor atá an aigne
Neamhbhuartha
I bhfócas.
Is mar sin a d'éirigh liom.

12.3 Tá gá le hiarracht
Chun an aigne bhuartha
A bhfuil ualach an tseachmaill uirthi
A chomhchruinniú.
D'aithníos an patrún sin.
Is mar sin a d'éirigh liom.

heyopādeyavirahād evaṃ harṣaviṣādayoḥ |
abhāvādadya he brahmann evamevāhamāsthitaḥ || 12-4 ||

āśramānāśramaṃ dhyānaṃ cittasvīkṛtavarjanam |
vikalpaṃ mama vīkṣyaitairevamevāhamāsthitaḥ || 12-5 ||

karmānuṣṭhānamajñānād yathaivoparamastathā |
budhvā samyagidaṃ tattvaṃ evamevāhamāsthitaḥ || 12-6 ||

aciṃtyaṃ ciṃtyamāno'pi cintārūpaṃ bhajatyasau |
tyaktvā tadbhāvanaṃ tasmād evamevāhamāsthitaḥ || 12-7 ||

evameva kṛtaṃ yena sa kṛtārtho bhavedasau |
evameva svabhāvo yaḥ sa kṛtārtho bhavedasau || 12-8 ||

12.4 Faic agam le cur ina choinne
Faic le glacadh chugam féin.
Gan áthas, gan bhuairt inniu orm.
A Thiarna Dia
Is mar sin a d'éirigh liom.

12.5 Ceithre staid na beatha
An bheatha gan staideanna,
Machnamh
Staonadh
Ábhar smaointe—
Seachrán é go léir.
Is mar sin a d'éirigh liom.

12.6 Gníomh is neamhghníomh
As aineolas a eascraíonn siad araon.
Tuigim an fhírinne sin go hiomlán.
Is mar sin a d'éirigh liom.

12.7 Nuair a smaoinítear ar an Té
Nach féidir smaoineamh air
Ní féidir gan smaointe a mhúscailt.
Roghnaíos neamh-smaointe.
Is mar sin a d'éirigh liom.

12.8 Nach méanar don té a n-éiríonn leis
De bharr tréaniarrachta.
Nach méanar don té atá amhlaidh
De réir dúchais.

13

Yathāsukham

Janaka uvāca ||

akiṃcanabhavaṃ svāsthaṃ kaupīnatve'pi durlabham |
tyāgādāne vihāyāsmādahamāse yathāsukham || 13-1 ||

kutrāpi khedaḥ kāyasya jihvā kutrāpi khedyate |
manaḥ kutrāpi tattyaktvā puruṣārthe sthitaḥ sukham || 13-2 ||

kṛtaṃ kimapi naiva syād iti saṃcintya tattvataḥ |
yadā yatkartumāyāti tat kṛtvāse yathāsukham || 13-3 ||

karmanaiṣkarmyanirbandhabhāvā dehasthayoginaḥ |
saṃyogāyogavirahādahamāse yathāsukham || 13-4 ||

13

Sonas

Arsa Janaka Maharaja:

13.1 Staid shéimh na Féin-aithne is annamh—
Fiú i measc na ndaoine a chaitheann bréid gabhail.
Ní dhiúltaímse d'aon ní
Ní ghlacaimse le haon ní.
Táim sona suairc.

13.2 Cuireann cleachtaí brú ar an gcolainn.
Éiríonn an teanga cortha de na scrioptúir.
Traochann smaointe an aigne.
Ní bhainimse leis sin, táimse ar scor,
Mairim mar atáim.

13.3 Nuair a thuigtear dom nach gcuirtear aon ní i gcrích
Deinimse pé rud a sheoltar im' líon.
Sona suairc atáim.

13.4 Iógaí a mholfadh aicsean
Nó neamhaicsean
Ceangailte leis an gcolainn atá sé i gcónaí.
Nílimse ceangailte
Ná neamhcheangailte
Agus táim sona suairc.

arthānarthau na me sthityā gatyā na śayanena vā |
tiṣṭhan gacchan svapan tasmādahamāse yathāsukham || 13-5 ||

svapato nāsti me hāniḥ siddhiryatnavato na vā |
nāśollāsau vihāyāsmadahamāse yathāsukham || 13-6 ||

sukhādirūpā niyamaṃ bhāveṣvālokya bhūriśaḥ |
śubhāśubhe vihāyāsmādahamāse yathāsukham || 13-7 ||

13.5 Níl faic le baint amach agam
Ná le cailliúint
Má sheasaim
Má thosnaím ag siúl
Nó má shuím síos.
Mar sin i mo sheasamh dom
Ag siúl
Nó i mo shuí
Is sona suairc a bhím.

13.6 Ní chaillimse faic agus mé i mo chodladh
Ní bhainim aon ní amach le tréaniarracht.
Ní smaoiním i dtéarmaí gnóthachain
Ná caillteanais de.
Sona suairc atáim.

13.7 Athraíonn pléisiúr agus pian
Táid guagach.
Mairimse go séanmhar:
Nithe taitneamhacha
Is míthaitneamhacha
Séanta agam.

14

Īśvara

Janaka uvāca ||

prakṛtyā śūnyacitto yaḥ pramādād bhāvabhāvanaḥ |
nidrito bodhita iva kṣīṇasaṃsmaraṇo hi saḥ || 14-1 ||

kva dhanāni kva mitrāṇi kva me viṣayadasyavaḥ |
kva śāstraṃ kva ca vijñānaṃ yadā me galitā spṛhā || 14-2 ||

vijñāte sākṣipuruṣe paramātmani ceśvare |
nairāśye baṃdhamokṣe ca na ciṃtā muktaye mama || 14-3 ||

14

Ciúnas

Arsa Janaka Maharaja:

14.1 Cé go gceapfá
Gur ina chodladh ar nós cách atá sé
An té nach bhfuil spéis aige sa saol níos mó
Ar folmhaíodh a aigne
A smaoiníonn de thaisme
Le Fírinne
Is ina dhúiseacht atá sé.

14.2 Nuair a leánn na mianta
Conas is féidir saibhreas a bheith ann
Nó cairde
Nó mealladh na gcéadfaí?
Cad is fiú scrioptúir is eolas?

14.3 Tá an tArd-Fhéin feicthe agam
An Finné
An tAon
An Tiarna.
Saoirse agus daoirse is cuma liom fúthu.
Níl gá agamsa le fuascailt.

aṃtarvikalpaśūnyasya bahiḥ svacchandacāriṇaḥ |
bhrāntasyeva daśāstāstāstādṛśā eva jānate || 14-4 ||

14.4 Staid inmheánach an té atá gan amhras
Ach a bhogann i gcónaí i measc neacha seachmaill
Ina ghealt aerach
Ní aithníonn an staid sin
Ach an té a mbaineann an staid sin leis.

15
Tattvam

Aṣṭāvakra uvāca ||

yathātathopadeśena kṛtārthaḥ sattvabuddhimān |
ājīvamapi jijñāsuḥ parastatra vimuhyati || 15-1 ||

mokṣo viṣayavairasyaṃ bandho vaiṣayiko rasaḥ |
etāvadeva vijñānaṃ yathecchasi tathā kuru || 15-2 ||

vāgmiprājñāmahodyogaṃ janaṃ mūkajaḍālasam |
karoti tattvabodho'yamatastyakto bubhukṣabhiḥ || 15-3 ||

15

Eolas ar an bhFéin

Arsa Ashtávakra, saoi:

15.1 D'fhéadfadh an té a bhfuil intinn oscailte aige
Teacht go hiomasach ar an bhFéin
Gan ach teagasc fánach a bheith cloiste aige
Ach an té a bhfuil a intleacht plódaithe
D'fhéadfadh sé eolas a lorg
Ar feadh a shaoil
Agus fós mearbhall a bheith air.

15.2 Cur in aghaidh a bhfuil á thairiscint ag an saol duit
Sin is saoirse ann.
Bheith meallta ag a bhfuil á thairiscint ag an saol duit
Sin is fulaingt
Nó daoirse ann.
Sin í an Fhírinne.
Anois, déan mar is rogha leat.

15.3 Athraíonn an t-eolas seo ar an bhFírinne
An duine deisbhéalach gaoiseach breabhsánta
Ina bhalbhán díomhaoin.
Mar sin iad siúd ar breá leo pléisiúir an domhain
Seachnaíonn siad é.

na tvaṃ deho na te deho bhoktā kartā na vā bhavān |
cidrūpo'si sadā sākṣī nirapekṣaḥ sukhaṃ cara || 15-4 ||

rāgadveṣau manodharmau na manaste kadācana |
nirvikalpo'si bodhātmā nirvikāraḥ sukhaṃ cara || 15-5 ||

sarvabhūteṣu cātmānaṃ sarvabhūtāni cātmani |
vijñāya nirahaṅkāro nirmamastvaṃ sukhī bhava || 15-6 ||

viśvaṃ sphurati yatredaṃ taraṃgā iva sāgare |
tattvameva na sandehaścinmūrte vijvaro bhava || 15-7 ||

15.4 Ní tú an cholainn.
Níl colainn agat.
Ní ghníomhaíonn tú
Conas a bhainfeá sásamh as gníomh?
Airdeall is ea thú
Sin uile—
An Finné síoraí.
Tá tú saor.
Níl faic de dhíth ort.
Imigh leat faoi shéan.

15.5 Is gnéithe den aigne iad
Mianta agus fearg.
Ní tusa an aigne. Is tú an Comhfhios féin—
Gan athrú
Neamhroinnte
Saor.
Imigh leat faoi shéan.

15.6 Féach!
Aithin an Féin san Uile
Agus an Uile san Fhéin.
Bí saor ó fhéiniúlacht phearsanta
Ón bhfreagracht
Ó "mise" agus ó "liomsa".
Bí sona
Bí suairc.

15.7 Is fíor!
Is tusa É Sin ina nochtann an chruinne
Mar a nochtann tonnta
San aigéan.
Is tú an Comhfhios féin.
Ní call duit a bheith buartha.

śraddhasva tāta śraddhasva nātra mo'haṃ kuruṣva bhoḥ |
jñānasvarūpo bhagavānātmā tvaṃ prakṛteḥ paraḥ || 15-8 ||

guṇaiḥ saṃveṣṭito dehastiṣṭhatyāyāti yāti ca |
ātmā na gaṃtā nāgaṃtā kimenamanuśocasi || 15-9 ||

dehastiṣṭhatu kalpāntaṃ gacchatvadyaiva vā punaḥ |
kva vṛddhiḥ kva ca vā hānistava cinmātrarūpiṇaḥ || 15-10 ||

tvayyanaṃtamahāmbhodhau viśvavīciḥ svabhāvataḥ |
udetu vāstamāyātu na te vṛddhirna vā kṣatiḥ || 15-11 ||

tāta cinmātrarūpo'si na te bhinnamidaṃ jagat |
ataḥ kasya kathaṃ kutra heyopādeyakalpanā || 15-12 ||

15.8 Bíodh creideamh agat, a mhic,
Bíodh creideamh agat.
Ná bíodh aon dul amú ort.
Is tú an tAirdeall leis féin, an Féin, an tAon.
Is tú Tiarna na nDúl.

15.9 De stuif saolta í an cholainn.
Tagann
Fanann
Imíonn.
Ní thagann an Féin
Ná ní imíonn
Ach fanann mar sin féin.
Cén fáth an cholainn a chaoineadh?

15.10 Dá mairfeadh an cholainn
Go bruinne an bhrátha
Nó dá gcaillfí inniu í—
Cén tairbhe
Nó míthairbhe duitse é sin?
Tusa—tusa atá mar Airdeall iomlán?

15.11 Lig do thonnta na cruinne éirí
Agus titim ionat
Mar is mian leo.
Níl faic le cailliúint agatsa
Ná le buachan.
Is tusa an t-aigéan.

15.12 Is tusa substaint an Chomhfheasa.
Níl sa domhan ach Tusa.
Cé a shamhlaíonn go bhfuil sé in ann
Glacadh leis nó diúltú dó?
Agus cá seasann sé?

ekasminnavyaye śānte cidākāśe'male tvayi |
kuto janma kuto karma kuto'haṅkāra eva ca || 15-13 ||

yattvaṃ paśyasi tatraikastvameva pratibhāsase |
kiṃ pṛthak bhāsate svarṇāt kaṭakāṃgadanūpuram || 15-14 ||

ayaṃ so'hamayaṃ nāhaṃ vibhāgamiti saṃtyaja |
sarvamātmeti niścitya niḥsaṅkalpaḥ sukhī bhava || 15-15 ||

tavaivājñānato viśvaṃ tvamekaḥ paramārthataḥ |
tvatto'nyo nāsti saṃsārī nāsaṃsārī ca kaścana || 15-16 ||

bhrāntimātramidaṃ viśvaṃ na kiṃciditi niścayī |
nirvāsanaḥ sphūrtimātro na kiṃcidiva śāmyati || 15-17 ||

15.13 Is tú an tAon—
Gan teimheal
Airdeall ciúin síoraí—
Conas a tharlódh breith Ionatsa
Karma nó freagracht?

15.14 Pé rud a bhraitear
A fheictear
Tusa agus Tusa amháin atá ann.
Conas d'fhéadfadh aon ní eile a bheith ann
Seachas an t-ór as ar deineadh é
Bheith sa bhráisléad
Sa mhuince ghéige
Sa bhráisléad murnáin?

15.15 Fág i do dhiaidh idirdhealuithe ar nós
"Mise Eisean, an Féin" agus "Ní mise é seo".
Féach ar gach aon ní mar Fhéin.
Bí gan mhian.
Bí suairc. Bí sona.

15.16 D'aineolas-sa amháin a chruthaíonn an chruinne.
Le Fírinne,
Níl ann ach an tAon.
Níl aon phearsa ná dia eile ann
Seachas Tú Féin amháin.

15.17 An té a thuigeann go cinnte
Gur seachmall atá sa chruinne—
Faic na ngrást—
Beidh sé gan mhian.
Airdeall íon a bheidh ann
Agus aimseoidh a scíth sa neamhní.

eka eva bhavāmbhodhāvāsīdasti bhaviṣyati |
na te bandho'sti mokṣo vā kṛtyakṛtyaḥ sukhaṃ cara || 15-18 ||

mā saṅkalpavikalpābhyāṃ cittaṃ kṣobhaya cinmaya |
upaśāmya sukhaṃ tiṣṭha svātmanyānandavigrahe || 15-19 ||

tyajaiva dhyānaṃ sarvatra mā kiṃcid hṛdi dhāraya |
ātmā tvaṃ mukta evāsi kiṃ vimṛśya kariṣyasi || 15-20 ||

15.18 In aigéan na beatha
An tAon amháin atá
A bhí
Is a bheidh go deo.
Conas d'fhéadfá a bheith teanntaithe nó saor?
Mair go sásta agus bí sona suairc.

15.19 Ná corraigh an aigne le "sea" agus "ní hea".
Comhfhios glan atá ionat.
Bí ciúin agus sona ionat féin:
Mair i ríméad an Chomhfheasa sin.

15.20 Éirigh as an marana, go hiomlán.
Ná coinnigh aon rud sa chroí
Ná san aigne.
Is tú an Féin, saor go brách.
Cén mhaith duit a bheith ag smaoineamh?

16

Svāsthya

Aṣṭāvakra uvāca ||

ācakṣva śṛṇu vā tāta nānāśāstrāṇyanekaśaḥ |
tathāpi na tava svāsthyaṃ sarvavismaraṇād ṛte || 16-1 ||

bhogaṃ karma samādhiṃ vā kuru vijña tathāpi te |
cittaṃ nirastasarvāśamatyarthaṃ rocayiṣyati || 16-2 ||

āyāsātsakalo duḥkhī nainaṃ jānāti kaścana |
anenaivopadeśena dhanyaḥ prāpnoti nirvṛtim || 16-3 ||

vyāpāre khidyate yastu nimeṣonmeṣayorapi |
tasyālasya dhurīṇasya sukhaṃ nanyasya kasyacit || 16-4 ||

16

Treoracha Speisialta

Arsa Ashtávakra, saoi:

16.1 Déan na scrioptúir a aithris agus a phlé
Mar is mian leat, a mhic
Ach ní thiocfaidh tú go deo
Ar an bhFírinne
Go dtí go scaoilfidh tú leis an uile ní.

16.2 Bí chomh sultmhar, gnóthach, machnamhach
Agus is maith leat
Santóidh tú fós É Sin
Atá lastall de gach taithí, gach sprioc,
Agus ina múchtar gach mian.

16.3 Tá gach éinne in umar na haimléise
Mar go ndéanann siad a seacht ndícheall
An t-am ar fad—
Ach ní thuigtear é sin.
Is féidir leis an aigne aibí
Bheith gan cheangal, séimh
Ach éisteacht leis an teagasc seo.

16.4 An sárleisceoir, an Máistir,
Ar cur isteach air caochadh súl fiú amháin
Tá seisean sona.
Eisean amháin.

idaṃ kṛtamidaṃ neti dvaṃdvairmuktaṃ yadā manaḥ |
dharmārthakāmamokṣeṣu nirapekṣaṃ tadā bhavet || 16-5 ||

virakto viṣayadveṣṭā rāgī viṣayalolupaḥ |
grahamokṣavihīnastu na virakto na rāgavān || 16-6 ||

heyopādeyatā tāvatsaṃsāraviṭapāṃkuraḥ |
spṛhā jīvati yāvad vai nirvicāradaśāspadam || 16-7 ||

pravṛttau jāyate rāgo nirvṛttau dveṣa eva hi |
nirdvandvo bālavad dhīmān evameva vyavasthitaḥ || 16-8 ||

hātumicchati saṃsāraṃ rāgī duḥkhajihāsayā |
vītarāgo hi nirduḥkhastasminnapi na khidyati || 16-9 ||

16.5 Nuair atá an aigne saor ón gcontrárthacht
Abraimis: "Tá an méid sin déanta!"
Agus "Tá sé seo fós le déanamh!"
Bítear ar nós cuma liom
Mar gheall ar bhua, mhaoin, phléisiúr agus shaoirse.

16.6 An té ar gráin leis nithe céadfacha
Seachnóidh sé siad.
An té a shantaíonn iad
Beidh sé gafa.
An té nach gráin leis nithe céadfacha
Is nach santaíonn iad
Ní neamhspleách
Ná spleách
Atá sé siúd.

16.7 Fad is atá mianta ann—
Ar easpa idirdhealaithe iad—
Beidh ceangal agus neamhcheangal ann.
Sin is cúis leis an domhan a bheith ann.

16.8 Sásamh a chruthaíonn ceangal.
Col a chruthaíonn staonadh.
Ar nós páiste, tá an saoi saor uathu araon
Agus leanann air ag maireachtáil
Mar pháiste.

16.9 An té atá ceangailte leis an saol
Is dóigh leis gur leigheas ar an ainnise é
Diúltú don saol.
An té nach bhfuil ceangailte le haon ní
Tá sé saor
Agus ní bhraitheann sé go hainnis
Fiú sa saol seo.

yasyābhimāno mokṣe'pi dehe'pi mamatā tathā |
na ca jñānī na vā yogī kevalaṃ duḥkhabhāgasau || 16-10 ||

haro yadyupadeṣṭā te hariḥ kamalajo'pi vā |
tathāpi na tava svāthyaṃ sarvavismaraṇādṛte || 16-11 ||

16.10 An té a mhaíonn gur bhain sé saoirse amach
Agus atá mórtasach as
Ní saoi ná iógaí é.
In umar na haimléise atá sé.

16.11 Dá mbeadh Visniú, Síve nó Bráma a rugadh sa loiteog
Chun tú a theagasc
Ní thiocfá ar an bhFéin
Go mbeadh gach rud dearmadta agat.

17
Kaivalya

Aṣṭāvakra uvāca ||

tena jñānaphalaṃ prāptaṃ yogābhyāsaphalaṃ tathā |
tṛptaḥ svacchendriyo nityaṃ ekākī ramate tu yaḥ || 17-1 ||

na kadācijjagatyasmin tattvajño hanta khidyati |
yata ekena tenedaṃ pūrṇaṃ brahmāṇḍamaṇḍalam || 17-2 ||

na jātu viṣayāḥ ke'pi svārāmaṃ harṣayantyamī |
sallakīpallavaprītamivebhaṃ nimbapallavāḥ || 17-3 ||

yastu bhogeṣu bhukteṣu na bhavatyadhivāsitaḥ |
abhukteṣu nirākāṃkṣī tadṛśo bhavadurlabhaḥ || 17-4 ||

17

An Té a bhfuil Fíoreolas aige

Arsa Ashtávakra, saoi:

17.1 Tá Eolas ag an té sin
Agus fómhar na hAontachta bainte aige
An té atá sona suairc
Gan aon cheangal
Ag baile leis Féin.

17.2 An té a chuireann eolas ar an bhFírinne
Ní bhíonn srathair na hainnise air sa saol seo
Mar tá an chruinne go léir
Líonta aige Féin amháin.

17.3 Ní réitíonn duilliúir an *neem* leis an eilifint
Is fearr i bhfad léi duilleoga *sallaki*
Ar an gcaoi chéanna an té ar geal leis an Féin
Ní geal leis na nithe sin a bhraitheann na céadfaí.

17.4 Is annamh a fhaightear duine nach breá leis
Na nithe ar bhain sé sásamh astu
Agus nach santaíonn an sásamh atá le teacht.

bubhukṣuriha saṃsāre mumukṣurapi dṛśyate |
bhogamokṣanirākāṃkṣī viralo hi mahāśayaḥ || 17-5 ||

dharmārthakāmamokṣeṣu jīvite maraṇe tathā |
kasyāpyudāracittasya heyopādeyatā na hi || 17-6 ||

vāñchā na viśvavilaye na dveṣastasya ca sthitau |
yathā jīvikayā tasmād dhanya āste yathā sukham || 17-7 ||

kṛtārtho'nena jñānenetyevaṃ galitadhīḥ kṛtī |
paśyan śṛṇvan spṛśan jighrann
aśnannāste yathā sukham || 17-8 ||

śūnyā dṛṣṭirvṛthā ceṣṭā vikalānīndriyāṇi ca |
na spṛhā na viraktirvā kṣīṇasaṃsārasāgare || 17-9 ||

17.5 Ní neamhchoitianta iad daoine a shantaíonn pléisiúr
Agus iad siúd a shantaíonn saoirse.
Is annamh a fhaightear an mór-anam
Nach bhfuil sásamh ná saoirse uaidh.

17.6 Is annamh a fhaightear an duine cóir
Nach santaíonn is nach seachnaíonn creideamh
Maoin
Pléisiúr
Bás
Ná beatha.

17.7 Níl grá ná fuath ag fear an Eolais don chruinne.
Maireann sé go sona,
Is cuma cad a thiteann amach.
Tá sé beannaithe.

17.8 Eolas aige air Féin
An aigne folamh agus suaimhneach
Maireann an saoi go sochma suairc
Feiceann, cloiseann, braitheann, bolaíonn, itheann.

17.9 An té ar thriomaigh aigéan an domhain ann
Níl ceangal ná neamhcheangal ann.
Is folamh a dhreach
Na céadfaí ciúin.
A ghníomhartha gan chuspóir.

na jāgarti na nidrāti nonmīlati na mīlati |
aho paradaśā kvāpi vartate muktacetasaḥ || 17-10 ||

sarvatra dṛśyate svasthaḥ sarvatra vimalāśayaḥ |
samastavāsanā mukto muktaḥ sarvatra rājate || 17-11 ||

paśyan śṛṇvan spṛśan jighrann aśnan gṛṇhan vadan vrajan |
īhitānīhitairmukto mukta eva mahāśayaḥ || 17-12 ||

na nindati na ca stauti na hṛṣyati na kupyati |
na dadāti na gṛṇhāti muktaḥ sarvatra nīrasaḥ || 17-13 ||

17.10 Ní ina chodladh
Ná ina dhúiseacht atá an saoi.
Ní osclaíonn
Ná ní dhúnann a shúile.
Don anam saortha mar sin
Níl aon ní ann ach Seo.

17.11 Is san Fhéin amháin a chónaíonn an t-anam saortha
Agus is glan é a chroí.
Maireann sé i gcónaí gach áit
Agus é saor ó mhianta.

17.12 Pé acu an ag breathnú atá sé
Ag éisteacht
Lámh á leagan aige ar rud éigin
Á bholú
Á ithe
Á thógaint
Ag caint dó
Ag siúl
Níl iarracht dá laghad
Ná neamh-iarracht
Á déanamh ag an mór-anam.

17.13 Cáineadh ná moladh ní dhéanann an t-anam saortha
Ní thugann aon ní uaidh
Ní ghlacann aon ní chuige féin
Ní dhéanann gairdeas
Ní thagann fearg air.
Gan chuing gach áit atá sé
Agus saor.

sānurāgāṃ striyaṃ dṛṣṭvā mṛtyuṃ vā samupasthitam |
avihvalamanāḥ svastho mukta eva mahāśayaḥ || 17-14 ||

sukhe duḥkhe nare nāryāṃ sampatsu ca vipatsu ca |
viśeṣo naiva dhīrasya sarvatra samadarśinaḥ || 17-15 ||

na hiṃsā naiva kāruṇyaṃ nauddhatyaṃ na ca dīnatā |
nāścaryaṃ naiva ca kṣobhaḥ kṣīṇasaṃsaraṇe nare || 17-16 ||

na mukto viṣayadveṣṭā na vā viṣayalolupaḥ |
asaṃsaktamanā nityaṃ prāptāprāptamupāśnute || 17-17 ||

samādhānasamādhānahitāhitavikalpanāḥ |
śūnyacitto na jānāti kaivalyamiva saṃsthitaḥ || 17-18 ||

17.14 Bíonn an t-anam saortha ar a shocracht
Gan chorrabhuais
Bíodh bean phaiseanta fairis
Nó é ag foghlaim an bháis.
Saor atá sé go huile is go hiomlán.

17.15 Difríocht dá laghad ní léir don saoi
Idir ainnise agus sonas
Fear is bean
Ádh agus mí-ádh.
Tá gach aon ní mar a chéile.

17.16 Ní bhaineann foréigean
Ná trócaire
Leis an saoi
Sotal ná umhlaíocht
Imní ná iontas.
Tá a sheal ar an domhan seo ídithe.
Tá a ról mar phearsa tarchéimnithe aige.

17.17 An té atá saor, ní sheachnaíonn sé
Ná ní shantaíonn sé eispéireas ar bith.
Baineann sé taitneamh as a dtagann
Agus as nach dtagann.

17.18 Staid an chiúnais nó staid na smaointe
Ní bhíonn an saoi i gcoimhlint leo.
Folamh atá a aigne.
Tá cónaí air san Absalóid.

nirmamo nirahaṃkāro na kiṃciditi niścitaḥ |
antargalitasarvāśaḥ kurvannapi karoti na || 17-19 ||

manaḥprakāśasaṃmohasvapnajāḍyavivarjitaḥ |
daśāṃ kāmapi samprāpto bhaved galitamānasaḥ || 17-20 ||

17.19 Cé go gcuireann sé gníomhartha i gcrích
Ní ghníomhaíonn fear an Eolais.
Tá a mhianta múchta
Saor ó "mise" agus "liomsa"
Is eol dó gan dabht ar domhan
Nach bhfuil aon ní ann.

17.20 Saor atá an saoi.
Ní theilgeann a intinn
Seachmall, brionglóidí ná leimhe níos mó.
Ní féidir cur síos ar an staid seo.

18

Jīvanmukti

Aṣṭāvakra uvāca ||

yasya bodhodaye tāvatsvapnavad bhavati bhramaḥ |
tasmai sukhaikarūpāya namaḥ śāntāya tejase || 18-1 ||

arjayitvākhilān arthān bhogānāpnoti puṣkalān |
na hi sarvaparityāgamantareṇa sukhī bhavet || 18-2 ||

kartavyaduḥkhamārtaṇḍajvālādagdhāntarātmanaḥ |
kutaḥ praśamapīyūṣadhārāsāramṛte sukham || 18-3 ||

bhavo'yaṃ bhāvanāmātro na kiṃcit paramarthataḥ |
nāstyabhāvaḥ svabhāvānāṃ bhāvābhāvavibhāvinām || 18-4 ||

18
Síocháin

Arsa Ashtávakra, saoi:

18.1 Mol an ní sin, is é an Ríméad é
Ar ciúnas agus solas é ó nádúr
Agus trína thuiscint
Nochtar an domhan mar thaibhreamh.

18.2 Is féidir sult a bhaint as ilphléisiúir an domhain
Ach ní bheidh tú sona go deo
Go n-éireoidh tú astu.

18.3 Conas is féidir leis an té
Ar barrdhódh a chroí istigh
Le grian na buartha
An bhuairt sin a eascraíonn as dualgais
Conas is féidir leis an té sin a bheith sona
Go dtí go dtitfidh
Báisteach mhilis an chiúnais air ina bailc?

18.4 Níl sa chruinne ach smaoineamh
Sa Chomhfhios.
Le Fírinne, ní faic í.
An té a thuigeann eiseadh agus neamh-eiseadh
Mairfidh sé go brách.

na dūraṃ na ca saṃkocāllabdhamevātmanaḥ padam |
nirvikalpaṃ nirāyāsaṃ nirvikāraṃ niraṃjanam || 18-5 ||

vyāmohamātraviratau svarūpādānamātrataḥ |
vītaśokā virājante nirāvaraṇadṛṣṭayaḥ || 18-6 ||

samastaṃ kalpanāmātramātmā muktaḥ sanātanaḥ |
iti vijñāya dhīro hi kimabhyasyati bālavat || 18-7 ||

ātmā brahmeti niścitya bhāvābhāvau ca kalpitau |
niṣkāmaḥ kiṃ vijānāti kiṃ brūte ca karoti kim || 18-8 ||

ayaṃ so'hamayaṃ nāhaṃ iti kṣīṇā vikalpanā |
sarvamātmeti niścitya tūṣṇīmbhūtasya yoginaḥ || 18-9 ||

18.5 Tá an Féin—atá absalóideach, réidh,
Gan am
Gan teimheal—
Tá an Féin gan teorainn
Agus ní hachar ar bith uait é.
Is tusa É Sin go síoraí.

18.6 Iad siúd a n-éireoidh a n-aigne glé
Imeoidh an seachmall ina ghal
Agus cuirfear eolas ar an bhFéin.
Ruaigfear an dólás i bhfaiteadh na súl.

18.7 Nuair is léir gur samhlaíocht is ea an uile ní
Agus eolas curtha ar an bhFéin—
Saor, gan cuing an ama—
Maireann an saoi mar pháiste.

18.8 Nuair a chuireann sé aithne air Féin—an Absalóid—
Agus a fhios aige gur sa tsamhlaíocht amháin
Atá eiseadh agus neamh-eiseadh
Cad atá le foghlaim
Le rá
Nó le déanamh
Ag an té atá gan mhian?

18.9 Nuair is léir go daingean don saoi
Gur Féin is ea an uile ní
Tagann leá chúr na habhann
Ar smaointe ar nós "Is mar seo atáim"
Nó, "Nílimse mar sin."

na vikṣepo na caikāgryaṃ nātibodho na mūḍhatā |
na sukhaṃ na ca vā duḥkhaṃ upaśāntasya yoginaḥ || 18-10 ||

svārājye bhaikṣavṛttau ca lābhālābhe jane vane |
nirvikalpasvabhāvasya na viśeṣo'sti yoginaḥ || 18-11 ||

kva dharmaḥ kva ca vā kāmaḥ kva cārthaḥ kva vivekitā |
idaṃ kṛtamidaṃ neti dvandvairmuktasya yoginaḥ || 18-12 ||

kṛtyaṃ kimapi naivāsti na kāpi hṛdi raṃjanā |
yathā jīvanameveha jīvanmuktasya yoginaḥ || 18-13 ||

18.10 Iógaí a aimsíonn an ciúnas
Ní trí chéile ná fócasaithe atá sé.
Níl cur amach aige ar phléisiúr
Ná ar phian.
Ruaigeadh an t-aineolas
Tá sé saor ón eolas.

18.11 Na flaithis
An bhochtaineacht
Tairbhe
Éadairbhe
I measc an phobail
Nó ar an gcúlráid dó
Is é an dá mhar a cheile é don iógaí
Mar nach n-imrítear tionchar ar bith air

18.12 Bheith gafa le creideamh
Nó le pléisiúir na colainne
Maoin shaolta
Idirdhealú idir seo is siúd—
Níl aon dealramh leo
Toisc an t-iógaí a bheith saor ó chodarsnacht
Ar nós, "Tá seo á dhéanamh agam"
Nó "Níl seo á dhéanamh agam."

18.13 An t-íogaí a bhaineann saoirse amach
Agus é fós ina bheatha
Nil aon dualgas saolta air
Níl aon cheangal ar a chroí.

kva mohaḥ kva ca vā viśvaṃ kva tad dhyānaṃ kva muktatā |
sarvasaṃkalpasīmāyāṃ viśrāntasya mahātmanaḥ || 18-14 ||

yena viśvamidaṃ dṛṣṭaṃ sa nāstīti karotu vai |
nirvāsanaḥ kiṃ kurute paśyannapi na paśyati || 18-15 ||

yena dṛṣṭaṃ paraṃ brahma so'haṃ brahmeti cintayet |
kiṃ cintayati niścinto dvitīyaṃ yo na paśyati || 18-16 ||

dṛṣṭo yenātmavikṣepo nirodhaṃ kurute tvasau |
udārastu na vikṣiptaḥ sādhyābhāvātkaroti kim || 18-17 ||

dhīro lokaviparyasto vartamāno'pi lokavat |
na samādhiṃ na vikṣepaṃ na lopaṃ svasya paśyati || 18-18 ||

18.14 Don *mahātman*, an t-anam mór,
A chónaíonn lastall de mhianta
Cá bhfuil an seachmall?
Cá bhfuil an chruinne?
Cá bhfuil an machnamh air Sin?
Cá bhfuil an tsaoirse féin?

18.15 An té a fheiceann an domhan
D'fhéadfadh gur mhaith leis é a shéanadh
Ach an té nár mhaith leis aon ní
Cad a dhéanfadh seisean?
Feiceann sé nach bhfuil faic le feiscint.

18.16 An té a bhfuil Brámá Ró-Ard feicthe aige
Deir sé ina aigne féin:
Aham Brahmāsmi: "Is mise Brámá."
Ach an té a bhfuil smaointe tarchéimnithe aige
Cé na smaointe a bheadh aige?
Ní heol dó ach an Féin amháin.

18.17 Is é an té a bhaineann féinsmacht amach
Ná an té sin ar léir dó a aird a bheith tarraingthe
Thall is abhus.
Ach an t-anam mór, níl a aird san á tarraingt aon áit.
Níl faic le cur i gcrích aige.
Faic le déanamh.

18.18 D'fhéadfadh fear an Eolais
A bheith ar nós an ghnáthdhuine
Ach ní gnáthdhuine é.
Feiceann sé féin nach dírithe
Ná neamhdhírithe atá sé
Agus ní fhaigheann locht ar bith air féin.

bhāvābhāvavihīno yastṛpto nirvāsano budhaḥ |
naiva kiṃcitkṛtaṃ tena lokadṛṣṭyā vikurvatā || 18-19 ||

pravṛttau vā nivṛttau vā naiva dhīrasya durgrahaḥ |
yadā yatkartumāyāti tatkṛtvā tiṣṭhataḥ sukham || 18-20 ||

nirvāsano nirālambaḥ svacchando muktabandhanaḥ |
kṣiptaḥ saṃskāravātena ceṣṭate śuṣkaparṇavat || 18-21 ||

asaṃsārasya tu kvāpi na harṣo na viṣādatā |
sa śītalamanā nityaṃ videha iva rājaye || 18-22 ||

kutrāpi na jihāsāsti nāśo vāpi na kutracit |
ātmārāmasya dhīrasya śītalācchatarātmanaḥ || 18-23 ||

prakṛtyā śūnyacittasya kurvato'sya yadṛcchayā |
prākṛtasyeva dhīrasya na māno nāvamānatā || 18-24 ||

18.19 An té atá lastall d'eiseadh is de neamh-eiseadh
Atá gaoiseach
Sásta
Saor ó mhian—
Ní dheineann sé faic
Cé gur léir don saol a luail.

18.20 Níl an saoi buartha faoi ghníomhaíocht
Ná easpa gníomhaíochta.
Maireann sé go sásta
Is déanann a bhfuil le déanamh.

18.21 Mar dhuilleog ar an ngaoth
Tá an té atá saor
Gan slabhra,
Gan mhian,
Neamhspleách.

18.22 Níl áthas ná brón ann
Don té a bhfuil an domhan tarchéimnithe aige.
A aigne ciúnaithe aige
Maireann sé gan cholainn.

18.23 An té a chuireann eolas ar an bhFéin
A bhfuil a aigne séimh gan teimheal
Ní mian leis éirí as aon ní
Agus ní bhraitheann sé uaidh
An ní nach bhfuil ann.

18.24 Staid nádúrtha an fholúis
Atá bainte amach ag a aigne.
Níl aon chur amach ag an saoi ar onóir
Ná easonóir.
Déanann a bhfuil le déanamh.

kṛtaṃ dehena karmedaṃ na mayā śuddharūpiṇā |
iti cintānurodhī yaḥ kurvannapi karoti na || 18-25 ||

atadvādīva kurute na bhavedapi bāliśaḥ |
jīvanmuktaḥ sukhī śrīmān saṃsarannapi śobhate || 18-26 ||

nānāvicārasuśrānto dhīro viśrāntimāgataḥ |
na kalpate na jāti na śṛṇoti na paśyati || 18-27 ||

asamādheravikṣepān na mumukṣurna cetaraḥ |
niścitya kalpitaṃ paśyan brahmaivāste mahāśayaḥ || 18-28 ||

yasyāntaḥ syādahaṃkāro na karoti karoti saḥ |
nirahaṃkāradhīreṇa na kiṃcidakṛtaṃ kṛtam || 18-29 ||

18.25 An té a ghníomhaíonn agus a fhios aige
"Go bhfuil sé seo á dhéanamh ag an gcolainn,
Seachas agamsa, an Féin íon"
Sea go deimhin, ní dheineann sé faic—
Is cuma cén ghníomhaíocht atá ar siúl.

18.26 Aimsíonn sé saoirse sa saol seo
Ach gníomhaíonn ar nós gnáthdhuine
Cé nach ndéarfadh sé gur ag gníomhú atá sé.
Ní haon amadán é.
Is méanar dó:
Tá an saol ar a mhian aige, gan mhian.

18.27 Tá dóthain den aigne faighte aige.
Glacann an *mahātman* scíth
Ón eolas
Ón smaointeoireacht
Ón éisteacht
Ón bhfeiscint.

18.28 Lastall den chiúnas atá an t-anam mór
Ní chuireann aon ní isteach air
Saoirse
Daoirse
Faic.
Tá feicthe aige gur folamh atá an chruinne
Ainneoin gach cosúlachta.
Is é Dia é.

18.29 An té a cheapann gur pearsa é
Bíonn rud éigin ar siúl aige an t-am go léir
Fiú má tá scíth á glacadh ag an gcolainn.
Tá a fhios ag an saoi nach pearsa é
Mar sin ní dheineann sé faic
Fiú má tá an cholainn gníomhach.

nodvignaṃ na ca santuṣṭamakartṛ spandavarjitam |
nirāśaṃ gatasandehaṃ cittaṃ muktasya rājate || 18-30 ||

nirdhyātuṃ ceṣṭituṃ vāpi yaccittaṃ na pravartate |
nirnimittamidaṃ kiṃtu nirdhyāyeti viceṣṭate || 18-31 ||

tattvaṃ yathārthamākarṇya mandaḥ prāpnoti mūḍhatām |
athavā yāti saṃkocamamūḍhaḥ ko'pi mūḍhavat || 18-32 ||

ekāgratā nirodho vā mūḍhairabhyasyate bhṛśam |
dhīrāḥ kṛtyaṃ na paśyanti suptavatsvapade sthitāḥ || 18-33 ||

aprayatnāt prayatnād vā mūḍho nāpnoti nirvṛtim |
tattvaniścayamātreṇa prājño bhavati nirvṛtaḥ || 18-34 ||

18.30 Ní suaite ná neamhshuaite a bhíonn aigne an tsaoi.
Aigne gheal gan ghníomh í
Gan chorraí
Gan mhian
Saor ó amhras.

18.31 An té atá saor
Ní dheineann marana
Ná gníomh
D'aon ghnó.
Tarlaíonn marana is gníomhaíocht
Sin an méid
Gan cuspóir a bheith leo.

18.32 Ar chloisteáil na Fírinne don amadán
Bíonn meascán mearaí air.
Ar chloisteáil na Fírinne don saoi
Téann sé isteach ann féin.
D'fhéadfadh cuma an amadáin a bheith air
Ach ní amadán ar bith é.

18.33 Déanann an t-ainbhiosán dianmhachnamh
Agus cleachtann sé rialú na haigne.
Ní dhéanann an saoi faic.
Glacann scíth ann Féin.
Níl aon ní eile le déanamh aige.

18.34 Níl faoiseamh i ndán don ainbhiosán
Trí iarracht ná trí neamh-iarracht.
An Fhírinne amháin a thugann faoiseamh don saoi
Nithe a aithint mar atáid.

śuddhaṃ buddhaṃ priyaṃ pūrṇaṃ niṣprapaṃcaṃ nirāmayam |
ātmānaṃ taṃ na jānanti tatrābhyāsaparā janāḥ || 18-35 ||

nāpnoti karmaṇā mokṣaṃ vimūḍho'bhyāsarūpiṇā |
dhanyo vijñānamātreṇa muktastiṣṭhatyavikriyaḥ || 18-36 ||

mūḍho nāpnoti tad brahma yato bhavitumicchati |
anicchannapi dhīro hi parabrahmasvarūpabhāk || 18-37 ||

nirādhārā grahavyagrā mūḍhāḥ saṃsāraposakāḥ |
etasyānarthamūlasya mūlacchedaḥ kṛto budhaiḥ || 18-38 ||

na śāntiṃ labhate mūḍho yataḥ śamitumicchati |
dhīrastattvaṃ viniścitya sarvadā śāntamānasaḥ || 18-39 ||

kvātmano darśanaṃ tasya yad dṛṣṭamavalambate |
dhīrāstaṃ taṃ na paśyanti paśyantyātmānamavyayam || 18-40 ||

18.35 Bíodh is nach bhfuil iontu ach an Féin amháin
Éirim ghlan
Grá
Agus foirfeacht
Cé go dtarchéimníonn siad an chruinne
Agus gurb iad an léire féin iad
Ní aithneoidh daoine é sin trí mhachnamh
Ná trí chleachtadh ar bith.

18.36 Ní shaorfar an t-ainbhiosán go deo
Más síor-chleachtadh atá ar bun aige.
Is méanar don mháistir a aimsíonn an tsaoirse
Trí thuiscint bhunúsach.

18.37 Toisc go santaíonn sé Dia
Ní bheidh an t-ainbhiosán saor choíche.
Tá an saoi ina Dhia cheana féin
Saor ó mhianta atá sé.

18.38 Níl seasamh ceart faoin ainbhiosán
Agus is cíocrach chun a shlánaithe é
Seachmall an domhain á bhuanú aige.
Is eol don saoi gurb é an domhan is cúis le gach ainnise
Agus gearrann fréamh na fulaingthe.

18.39 Ceapann an daoi go mbeidh suaimhneas aige
Ach an aigne a rialú.
Tá an Fhírinne ar eolas ag an saoi
Agus is suaimhneas ina steillbheatha é.

18.40 Don té a shíleann go mbaineann nithe
Is smaointe le heolas
Conas a bheadh Féin-eolas aige?
Ní fheiceann an saoi nithe ar leith
Ní fheiceann ach an Féin síoraí
Nach n-athraíonn.

kva nirodho vimūḍhasya yo nirbandhaṃ karoti vai |
svārāmasyaiva dhīrasya sarvadāsāvakṛtrimaḥ || 18-41 ||

bhāvasya bhāvakaḥ kaścin na kiṃcid bhāvakoparaḥ |
ubhayābhāvakaḥ kaścid evameva nirākulaḥ || 18-42 ||

śuddhamadvayamātmānaṃ bhāvayanti kubuddhayaḥ |
na tu jānanti saṃmohādyāvajjīvamanirvṛtāḥ || 18-43 ||

mumukṣorbuddhirālambamantareṇa na vidyate |
nirālambaiva niṣkāmā buddhirmuktasya sarvadā || 18-44 ||

viṣayadvīpino vīkṣya cakitāḥ śaraṇārthinaḥ |
viśanti jhaṭiti kroḍaṃ nirodhaikāgrasiddhaye || 18-45 ||

nirvāsanaṃ hariṃ dṛṣṭvā tūṣṇīṃ viṣayadantinaḥ |
palāyante na śaktāste sevante kṛtacāṭavaḥ || 18-46 ||

18.41 Ba mhaith leis an daoi an aigne a rialú leis an aigne—
A leithéid!
Baineann an saoi sult as an bhFéin amháin.
Níl aigne ann le rialú.

18.42 Creideann daoine áirithe san eiseadh
Creideann daoine eile sa neamh-eiseadh.
Is annamh a fhaightear an té
Nach gcreideann i gceachtar acu
Is nach bhfuil aon mhearbhall air.

18.43 D'fhéadfadh an t-intleachtach lag géilleadh don Fhéin
Is gan aon ní thairis
Ach toisc é a bheith ar maos i seachmall
Níl cur amach ceart aige ar an bhFéin
Agus is dearóil a bheidh an saol aige.

18.44 Bíonn aigne an té a bhfuil saoirse uaidh
Ag brath ar nithe is féidir a aireachtáil.
Níl faic le haireachtáil ag an aigne atá fuascailte
Agus saor ó mhianta.

18.45 Bíonn eagla roimh thaithí chéadfach ar an duine faiteach
Ar nós eagla roimh thíogar.
Lorgaíonn sé tearmann i bpluais
Chun machnamh a dhéanamh
Agus a aigne a rialú.

18.46 Is geall le heilifint í an taithí chéadfach
A fhéachann ar fhear gan mhianta mar leon.
Teitheann sí láithreach ón duine sin
Nó mura bhfuil aon éalú uaidh
Fanann san áit sin chun friotháil air.

na muktikārikāṃ dhatte niḥśaṅko yuktamānasaḥ |
paśyan śṛṇvan spṛśan jighrannaśnannāste yathāsukham || 18-47 ||

vastuśravaṇamātreṇa śuddhabuddhirnirākulaḥ |
naivācāramanācāramaudāsyaṃ vā prapaśyati || 18-48 ||

yadā yatkartumāyāti tadā tatkurute ṛjuḥ |
śubhaṃ vāpyaśubhaṃ vāpi tasya ceṣṭā hi bālavat || 18-49 ||

svātaṃtryātsukhamāpnoti svātaṃtryāllabhate param |
svātaṃtryānnirvṛtiṃ gacchetsvātaṃtryāt paramaṃ padam || 18-50 ||

akartṛtvamabhoktṛtvaṃ svātmano manyate yadā |
tadā kṣīṇā bhavantyeva samastāścittavṛttayaḥ || 18-51 ||

18.47 An duine atá gan amhras
Agus cur amach aige ar an bhFéin
Níl aon ghá aige siúd le cleachtadh
Ná le saoirse.
Maireann sé go sona sásta
Agus is cuid nádúrtha de iad na céadfaí go léir.

18.48 An té a bhfuil a aigne folmhaithe aige
Gan choimhlint
Díreach tar éis cluas a thabhairt don Fhírinne
Níl faic le déanamh aige
Faic le seachaint
Más cuma leis
Is cuma leis gur cuma leis

18.49 Déanann an saoi a bhfuil le déanamh
Gan smaoineamh ar mhaith ná olc.
Is mar leanbh a ghníomhaíonn sé.

18.50 Is féidir teacht ar an bhfíor-shonas
Gan a bheith ar brath ar aon ní.
Gan brath ar aon ní
Baintear amach an Absalóid.
Gan brath ar aon ní
Is féidir gabháil trí shéimhe
Go dtí an Féin.

18.51 Nuair a thuigtear
Nach tú an t-aisteoir
Ná an té atá ag breathnú
Síothlaíonn stoirm na haigne.

ucchṛṃkhalāpyakṛtikā sthitirdhīrasya rājate |
na tu saspṛhacittasya śāntirmūḍhasya kṛtrimā || 18-52 ||

vilasanti mahābhogairviśanti girigahvarān |
nirastakalpanā dhīrā abaddhā muktabuddhayaḥ || 18-53 ||

śrotriyaṃ devatāṃ tīrthamaṅganāṃ bhūpatiṃ priyam |
dṛṣṭvā sampūjya dhīrasya na kāpi hṛdi vāsanā || 18-54 ||

bhṛtyaiḥ putraiḥ kalatraiśca dauhitraiścāpi gotrajaiḥ |
vihasya dhikkṛto yogī na yāti vikṛtiṃ manāk || 18-55 ||

santuṣṭo'pi na santuṣṭaḥ khinno'pi na ca khidyate |
tasyāścaryadaśāṃ tāṃ tāṃ tādṛśā eva jānate || 18-56 ||

18.52 Lonraíonn gníomhartha an tsaoi mar sholas glé
Gan aon chur i gcéill
Gan chuspóir:
Murab ionann agus an té atá sa tóir ar an bhfírinne
Cuma na síochána air
Ach é faoi chuing i gcónaí.

18.53 Gan teorainn
Gan gheimheal
Saor ó theilgean na haigne
D'fhéadfadh an saoi dul ag spraoi dó féin
Nó cur faoi i bpluais sléibhe.

18.54 Más ag tabhairt ómóis atá sé
Do scoláire spioradálta
Do dhia
Nó do scrín bheannaithe
Más ag breathnú atá sé ar bhean mheallacach
Ar rí
Nó ar chara cnis—
Ní chorraítear croí an tsaoi.

18.55 Bíodh drochmheas ar a shearbhóntaí air
A chlann mhac
A bhean
A iníonacha
A gharpháistí
Má dheineann siad go léir magadh faoi
Ní chuirtear isteach puinn ar an iógaí.

18.56 Ní thugann sásamh pléisiúr dó
Ná pian fulaingt.
Ní thuigeann éinne an staid sin
Ach a chomh-iógaí.

kartavyataiva saṃsāro na tāṃ paśyanti sūrayaḥ |
śūnyākārā nirākārā nirvikārā nirāmayāḥ || 18-57 ||

akurvannapi saṅkṣobhād vyagraḥ sarvatra mūḍhadhīḥ |
kurvannapi tu kṛtyāni kuśalo hi nirākulaḥ || 18-58 ||

sukhamāste sukhaṃ śete sukhamāyāti yāti ca |
sukhaṃ vakti sukhaṃ bhuṃkte vyavahāre'pi śāntadhīḥ || 18-59 ||

svabhāvādyasya naivārtirlokavad vyavahāriṇaḥ |
mahāhṛda ivākṣobhyo gatakleśaḥ suśobhate || 18-60 ||

nivṛttirapi mūḍhasya pravṛtti rupajāyate |
pravṛttirapi dhīrasya nivṛttiphalabhāginī || 18-61 ||

18.57 Nuair a chreidtear i ndualgais
Cruthaítear domhan a gcomhlíonta.
Tá a fhios ag an saoi
Nach mbaineann foirm leis
Ná am
Tá sé gach áit
Gan teimheal
Tarchéimníonn sé dualgais
Tarchéimníonn an domhan.

18.58 Fiú mura bhfuil faic ar siúl aige
Braitheann an dúramán buartha imníoch.
Fanann an saoi socair
Fiú i lár an aonaigh.

18.59 Fanann an saoi socair suairc sásta
Fiú sa saol praiticiúil.
Sásta suí
Sásta dul a luí
Sásta bogadh thart
Sásta labhairt
Sásta ithe . . .

18.60 Toisc go bhfuil eolas curtha aige ar an bhFéin
Ní chuireann an saol praiticiúil isteach ná amach
Ar an saoi
Loch ollmhór é
Domhain ciúin lonrach.
Ní ar nós an ghnáthdhuine atá sé.
Gan bhuairt atá sé.

18.61 Don té atá faoi sheachmall
Is gníomhaíocht í an scíth.
Don saoi, ámh, toradh gach gnímh é an ciúnas.

parigraheṣu vairāgyaṃ prāyo mūḍhasya dṛśyate |
dehe vigalitāśasya kva rāgaḥ kva virāgatā || 18-62 ||

bhāvanābhāvanāsaktā dṛṣṭirmūḍhasya sarvadā |
bhāvyabhāvanayā sā tu svasthasyādṛṣṭirūpiṇī || 18-63 ||

sarvārambheṣu niṣkāmo yaścared bālavan muniḥ |
na lepastasya śuddhasya kriyamāṇe'pi karmaṇi || 18-64 ||

sa eva dhanya ātmajñaḥ sarvabhāveṣu yaḥ samaḥ |
paśyan śṛṇvan spṛśan jighrann aśnannistarṣamānasaḥ || 18-65 ||

kva saṃsāraḥ kva cābhāsaḥ kva sādhyaṃ kva ca sādhanam |
ākāśasyeva dhīrasya nirvikalpasya sarvadā || 18-66 ||

sa jayatyarthasaṃnyāsī pūrṇasvarasavigrahaḥ |
akṛtrimo'navacchinne samādhiryasya vartate || 18-67 ||

18.62 Don té atá faoi sheachmall
Is minic a chuireann a mhaoin féin as dó.
An té nach smaoiníonn ar a cholainn
Ní chuireann aon ní as dó.

18.63 An aigne atá faoi sheachmall
Gafa atá sí le smaoineamh
Is gan a bheith ag smaoineamh.
Tagann is imíonn smaointe in aigne an tsaoi
Ach níl sé gafa leo.

18.64 Níl aon ní ag titim amach, i súile an tsaoi,
Fiú más iad a lámha féin a dheineann.
Ar nós an pháiste, neach íon é
Agus gníomhaíonn gan réasún.

18.65 Is méanar go deimhin don té
A bhfuil cur amach aige ar an bhFéin.
Ní athraíonn sé, ní mian leis aon ní
Cé go bhfuil na céadfaí go léir ag feidhmiú tríd.

18.66 Don té atá folamh, gan athrú
Cá bhfuil an domhan
Agus gach a bhfuil á shamhlú ag an domhan?
Cá bhfuil a dheireadh?

18.67 Nach aoibhinn don té atá saor ó mhianta—
Faoi Ghlóir atá sé.
An domhan sáraithe aige.
Sáite san Fhéin, san Infinid.

bahunātra kimuktena jñātatattvo mahāśayaḥ |
bhogamokṣanirākāṅkṣī sadā sarvatra nīrasaḥ || 18-68 ||

mahadādi jagaddvaitaṃ nāmamātravijṛmbhitam |
vihāya śuddhabodhasya kiṃ kṛtyamavaśiṣyate || 18-69 ||

bhramabhūtamidaṃ sarvaṃ kiṃcinnāstīti niścayī |
alakṣyasphuraṇaḥ śuddhaḥ svabhāvenaiva śāmyati || 18-70 ||

śuddhasphuraṇarūpasya dṛśyabhāvamapaśyataḥ |
kva vidhiḥ kva ca vairāgyaṃ kva tyāgaḥ kva śamo'pi vā || 18-71 ||

sphurato'nantarūpeṇa prakṛtiṃ ca na paśyataḥ |
kva bandhaḥ kva ca vā mokṣaḥ kva harṣaḥ kva viṣāditā || 18-72 ||

buddhiparyantasaṃsāre māyāmātraṃ vivartate |
nirmamo nirahaṃkāro niṣkāmaḥ śobhate budhaḥ || 18-73 ||

18.68 Go hachomair,
An *mahātman* a bhfuil eolas curtha ar an bhFírinne aige
Is saor ó mhianta
Ó shult
Ó shaoirse atá sé.
Ar fud an spáis is ar fud an ama go léir
Níl ceangal ag aon ní air.

18.69 Cad atá fágtha don té arb é an Comhfhios féin é
Ar léir dó nach ann don domhan feiniméanach
Ach rud a chruthaítear nuair a smaoinítear ar ainm?

18.70 Is dual don té a thuigeann go fíormhaith
Nach bhfuil aon ní ann
Gur seachmall é gach a nochtar
Ar léir dó gach nach féidir a chur i bhfocail
Is dual dósan a bheith socair ann Féin

18.71 Rialacha iompair
Staonadh
Diantréanas—
Cad is ea iad sin go léir
Don té a fheiceann nach bhfuil bonn faoi aon ní
Arb é Solas an Airdill é?

18.72 Conas d'fhéadfadh áthas nó buairt a bheith ann
Daoirse nó saoirse
Don té a bhfuil an neamh-eiseadh feicthe aige
Agus a shoilsíonn an Infinid?

18.73 Is seachmall ar fad é
Go dtagtar ar an bhFéin.
Ní bhacann an máistir le "mise", "mo", "liomsa".
Gearradh an ceangal idir é agus seachmall.

akṣayaṃ gatasantāpamātmānaṃ paśyato muneḥ |
kva vidyā ca kva vā viśvaṃ kva deho'haṃ mameti vā || 18-74 ||

nirodhādīni karmāṇi jahāti jaḍadhīryadi |
manorathān pralāpāṃśca kartumāpnotyatatkṣaṇāt || 18-75 ||

mandaḥ śrutvāpi tadvastu na jahāti vimūḍhatām |
nirvikalpo bahiryatnādantarviṣayalālasaḥ || 18-76 ||

jñānād galitakarmā yo lokadṛṣṭyāpi karmakṛt |
nāpnotyavasaraṃ kartruṃ vaktumeva na kiṃcana || 18-77 ||

kva tamaḥ kva prakāśo vā hānaṃ kva ca na kiṃcana |
nirvikārasya dhīrasya nirātaṃkasya sarvadā || 18-78 ||

18.74 Cad is eolas ann?
Cad is ea an chruinne?
Cad is brí le "Mise an cholainn"
Nó "Is liomsa an cholainn"?
Tá an saoi buanseasmhach gan bhuairt.
Is é an Féin amháin é.

18.75 Nuair a éiríonn duine lag as machnamh a dhéanamh
Nó as cleachtaí spioradálta
Beireann mianta greim air agus nóisin.

18.76 Fiú má chloiseann sé an Fhírinne
Cloíonn fear na lagintleachta le seachmall.
D'fhéadfadh an chuma a bheith air,
Le teann féinsmachta, go bhfuil sé socair ann féin
Ach santaíonn sé an domhan faoi choim.

18.77 Cé go bhfeiceann daoine eile ag obair é
Ní dheineann an saoi faic na ngrást.
Chuir an Fhírinne an ruaig ar dhícheall.
Níl aon chúis aige le haon ní a dhéanamh
Ná a rá.

18.78 Níl eagla ar bith ar an saoi
Dochloíte atá sé.
Níl faic le cailliúint aige
Solas
Ná dorchadas.
Faic na fríde.

kva dhairyaṃ kva vivekitvaṃ kva nirātaṃkatāpi vā |
anirvācyasvabhāvasya niḥsvabhāvasya yoginaḥ || 18-79 ||

na svargo naiva narako jīvanmuktirna caiva hi |
bahunātra kimuktena yogadṛṣṭyā na kiṃcana || 18-80 ||

naiva prārthayate lābhaṃ nālābhenānuśocati |
dhīrasya śītalaṃ cittamamṛtenaiva pūritam || 18-81 ||

na śāntaṃ stauti niṣkāmo na duṣṭamapi nindati |
samaduḥkhasukhastṛptaḥ kiṃcit kṛtyaṃ na paśyati || 18-82 ||

dhīro na dveṣṭi saṃsāramātmānaṃ na didṛkṣati |
harṣāmarṣavinirmukto na mṛto na ca jīvati || 18-83 ||

18.79 Foighne
Neamheagla fiú—
Cad is fiú don iógaí iad?
Ní féidir cur síos ar a nádúr.
Ní pearsa é.

18.80 Níl neamh ann
Ná ifreann
Ná saoirse dóibh siúd atá beo.
Go hachomair,
Folús is ea Comhfhios.
Cad eile is féidir a rá?

18.81 Ní shantaíonn an saoi lánsástacht ná comhlíonadh
Níl faic le buachan ná le cailliúint.
Tá a aigne socair is ag cur thar maoil
Le milseacht.

18.82 Gearrtha ó mhianta
Ní mholann an saoi an tsíocháin
Ná ní cháineann lucht urchóide.
Áthas
Nó ainnise
Is cuma
Ní athraíonn an saoi
Is ní athródh sé aon ní.

18.83 Ní chuireann an saoi in aghaidh an domhain
Ná ní shantaíonn an Féin ach oiread.
Saor atá sé ó áthas agus ó bhuairt.
Ní mhaireann sé
Is ní chaillfear é.

niḥsnehaḥ putradārādau niṣkāmo viṣayeṣu ca |
niścintaḥ svaśarīre'pi nirāśaḥ śobhate budhaḥ || 18-84 ||

tuṣṭiḥ sarvatra dhīrasya yathāpatitavartinaḥ |
svacchandaṃ carato deśān yatrastamitaśāyinaḥ || 18-85 ||

patatūdetu vā deho nāsya cintā mahātmanaḥ |
svabhāvabhūmiviśrāntivismṛtāśeṣasaṃsṛteḥ || 18-86 ||

akiṃcanaḥ kāmacāro nirdvandvaśchinnasaṃśayaḥ |
asaktaḥ sarvabhāveṣu kevalo ramate budhaḥ || 18-87 ||

nirmamaḥ śobhate dhīraḥ samaloṣṭāśmakāñcanaḥ |
subhinnahṛdayagranthirvinirdhūtarajastamaḥ || 18-88 ||

18.84 Maireann an máistir gan dóchas.
Níl ceangal aige lena chlann
Lena bhean
Le héinne.
Ní chiallaíonn pléisiúr faic dó.
Níl sé ag súil le haon ní.
Lonrach atá sé.
Aoibhinn beatha an tsaoi.

18.85 Téann an saoi ar fán
Thall is abhus
Agus maireann dá réir sin.
Cónaíonn an sonas ina chroí istigh go buan.
Le dul faoi na gréine i mball éigin
San áit sin a ghlacfaidh sé scíth.

18.86 Fréamhaithe ann Féin atá an *mahātman*
Ní smaoiníonn ar bhreith ná ar athbhreith
Ná ar an mbás.

18.87 Seasann an saoi leis féin
Ní geal leis aon ní ar leith
É ar easpa maoine.
Imíonn sé leis mar scamall
Níl codarsnachtaí á bhac
Gach rian den amhras glanta de.
Nach méanar dó!

18.88 Níl aon tuiscint don rud is "liomsa" ann ag an saoi.
Cré, cloch, ór, is ionann iad, dar leis.
Scaoileadh snaidhmeanna a chroí.
Ní heol dó aineolas
Ná dobrón.
Foirfe amach is amach i ngach slí atá sé.

sarvatrānavadhānasya na kiṃcid vāsanā hṛdi |
muktātmano vitṛptasya tulanā kena jāyate || 18-89 ||

jānannapi na jānāti paśyannapi na paśyati |
bruvann api na ca brūte ko'nyo nirvāsanādṛte || 18-90 ||

bhikṣurvā bhūpatirvāpi yo niṣkāmaḥ sa śobhate |
bhāveṣu galitā yasya śobhanāśobhanā matiḥ || 18-91 ||

kva svācchandyaṃ kva saṃkocaḥ kva vā tattvaviniścayaḥ |
nirvyājārjavabhūtasya caritārthasya yoginaḥ || 18-92 ||

ātmaviśrāntitṛptena nirāśena gatārtinā |
antaryadanubhūyeta tat kathaṃ kasya kathyate || 18-93 ||

18.89 Níl aon ní is mian le croí an duine sin
Ar saoradh a anam. An rud is lú!
Tá sé sásta: is cuma leis.
Níl éinne mar é.

18.90 An té nach bhfuil mianta aige
Agus eisean amháin
A fheiceann nach bhfuil faic le feiscint
A deir nach bhfuil aon ní le rá
A thuigeann nach bhfuil faic le tuiscint.

18.91 Eisean an té is fearr amuigh
An neach soilseach sin atá gan mhianta
Bíodh sé ina bhacach nó ina rí.
Ní fheiceann sé an mhaitheas
Ná an t-olc a thuilleadh.

18.92 Cad is drúis ann
Nó féinsmacht
Nó dúil san Fhírinne
Don iógaí
A bhfuil sprioc na beatha bainte amach aige
Agus ar suáilceas
Agus macántacht
Ina steillbheatha é?

18.93 Conas a chuirfeá síos ar an té
Atá saor ó mhianta
Is ó fhulaingt
Atá sásta ann Féin
Conas a bhraitheann sé in aon chor?

supto'pi na suṣuptau ca svapne'pi śayito na ca |
jāgare'pi na jāgarti dhīrastṛptaḥ pade pade || 18-94 ||

jñaḥ sacinto'pi niścintaḥ sendriyo'pi nirindriyaḥ |
subuddhirapi nirbuddhiḥ sāhaṃkāro'nahaṅkṛtiḥ || 18-95 ||

na sukhī na ca vā duḥkhī na virakto na saṃgavān |
na mumukṣurna vā muktā na kiṃcinnna ca kiṃcana || 18-96 ||

vikṣepe'pi na vikṣiptaḥ samādhau na samādhimān |
jāḍye'pi na jaḍo dhanyaḥ pāṇḍitye'pi na paṇḍitaḥ || 18-97 ||

18.94 Ní thagann aon athrú ar staid an mháistir.
Fiú agus é ina chodladh go sámh
Ina dhúiseacht atá.
Ní ag taibhreamh atá sé
Ina chuid taibhreamh.
Fiú agus é ina dhúiseacht
Ní ina dhúiseacht atá sé.

18.95 Cheapfá gur ag smaoineamh atá fear an Eolais
Ach níl aon smaointe aige.
Is cosúil go bhfuil na céadfaí go léir aige
Ach tá sé lastall dá mbraistint.
Ba dhóigh leat go raibh éirim aigne aige
Ach is folamh atá a aigne.
Dhealródh sé gur pearsa atá ann
Ach ní hea.

18.96 Ní sona
Ná ainnis
Atá an t-anam mór
Ní rud amháin ná rud eile é.

18.97 Nach beannaithe é!
Ciúin ann Féin
Fiú nuair a chuirtear isteach air.
Sa mhachnamh aige
Ní ag machnamh atá sé.
Duine oilte is ea é
Mar sin féin ní heol dó rud ar bith.

mukto yathāsthitisvasthaḥ kṛtakartavyanirvṛtaḥ |
samaḥ sarvatra vaitṛṣṇyānna smaratyakṛtaṃ kṛtam || 18-98 ||

na prīyate vandyamāno nindyamāno na kupyati |
naivodvijati maraṇe jīvane nābhinandati || 18-99 ||

na dhāvati janākīrṇaṃ nāraṇyaṃ upaśāntadhīḥ |
yathātathā yatratatra sama evāvatiṣṭhate || 18-100 ||

18.98 An té atá saortha
A chónaíonn istigh ann Féin, gan choinníoll,
Nach mbaineann coincheap na gníomhaíochta
Ná coincheap an dualgais leis
Atá gan athrú i gcónaí, gach áit,
Gan mhianta atá sé.
Níl sé buartha
Faoin méid atá nó nach bhfuil déanta aige.

18.99 Ní shásaíonn moladh an saoi
Ní chuireann cáineadh isteach air.
Ní chuireann an saol ríméad air
Ní chuireann an bás aon eagla air.

18.100 An té a bhfuil aigne shámh aige
Ní theitheann ó shluaite ná ó uaigneas na foraoise.
Ní athraíonn a thimpeallacht é.

19

Svamahimā

Janaka uvāca ||

tattvavijñānasandaṃśamādāya hṛdayodarāt |
nāvidhaparāmarśaśalyoddhāraḥ kṛto mayā || 19-1 ||

kva dharmaḥ kva ca vā kāmaḥ kva cārthaḥ kva vivekitā |
kva dvaitaṃ kva ca vā'dvaitaṃ svamahimni sthitasya me || 19-2 ||

kva bhūtaṃ kva bhaviṣyad vā vartamānamapi kva vā |
kva deśaḥ kva ca vā nityaṃ svamahimni sthitasya me || 19-3 ||

19
Scíth san Fhéin

Arsa Janaka Maharaja:

19.1 Tá dealg na smaointeoireachta
Pioctha amach as mo chroí agam
Le pionsúr na Fírinne.

19.2 Cá bhfuil an machnamh
An pléisiúr
Saibhreas
Nó breithiúnas?
Cá bhfuil an déachas?
Cá bhfuil an Aontacht féin?
Cónaímse i nGlóir an Fhéin.

19.3 Cá bhfuil an t-am atá caite
An t-am atá le teacht
Nó fiú an t-am i láthair?
Cá bhfuil an spás
Nó fiú an tsíoraíocht?
Cónaímse i nGlóir an Fhéin.

kva cātmā kva ca vānātmā kva śubhaṃ kvāśubhaṃ yathā |
kva cintā kva ca vācintā svamahimni sthitasya me || 19-4 ||

kva svapnaḥ kva suṣuptirvā kva ca jāgaraṇaṃ tathā |
kva turīyaṃ bhayaṃ vāpi svamahimni sthitasya me || 19-5 ||

kva dūraṃ kva samīpaṃ vā bāhyaṃ kvābhyantaraṃ kva vā |
kva sthūlaṃ kva ca vā sūkṣmaṃ svamahimni sthitasya me || 19-6 ||

kva mṛtyurjīvitaṃ vā kva lokāḥ kvāsya kva laukikam |
kva layaḥ kva samādhirvā svamahimni sthitasya me || 19-7 ||

alaṃ trivargakathayā yogasya kathayāpyalam |
alaṃ vijñānakathayā viśrāntasya mamātmani || 19-8 ||

19.4 Cá bhfuil an Féin?
Cá bhfuil an neamh-Fhéin?
Cá bhfuil an mhaith is an t-olc
An mearbhall is an grinneas?
Cónaímse i nGlóir an Fhéin.

19.5 Cá bhfuil an suan
Brionglóideach
Dúiseacht
Nó an ceathrú staid[4] fiú?
Cá bhfuil an eagla?
Cónaímse i nGlóir an Fhéin.

19.6 Cá bhfuil "gar dom" nó "i gcéin"
Cá bhfuil istigh nó amuigh
Garbh nó fíneáilte?
Cónaímse i nGlóir an Fhéin.

19.7 Cá bhfuil an bheatha is an bás?
Cá bhfuil an domhan is caidreamh leis an domhan?
Cá bhfuil an mearbhall
Is cá bhfuil an ciúnas?
Cónaímse i nGlóir an Fhéin

19.8 Cén fáth labhairt ar chuspóir na beatha
Ar ióga, ar ghaois?
Ní fiú labhairt ar an bhFírinne fiú.
Cónaímse san Fhéin, san Fhéin amháin.

4 An ceathrú staid: *turīyam*: eacstais.

20
Akiñcanabhava

Janaka uvāca ||

kva bhūtāni kva deho vā kvendriyāṇi kva vā manaḥ |
kva śūnyaṃ kva ca nairāśyaṃ matsvarūpe niraṃjane || 20-1 ||

kva śāstraṃ kvātmavijñānaṃ kva vā nirviṣayaṃ manaḥ |
kva tṛptiḥ kva vitṛṣṇātvaṃ gatadvandvasya me sadā || 20-2 ||

kva vidyā kva ca vāvidyā kvāhaṃ kvedaṃ mama kva vā |
kva bandha kva ca vā mokṣaḥ svarūpasya kva rūpitā || 20-3 ||

20

Saoirse Abhus

Arsa Janaka Maharaja:

20.1 Cá bhfuil na dúile
An cholainn
Na baill bheatha
An aigne?
Cá bhfuil an folús?
Cá bhfuil an t-éadóchas?
Léire thrédhearcach mo nádúrsa.

20.2 Cá bhfuil na scrioptúir?
Cá bhfuil Féin-eolas?
Cá bhfuil an neamh-aigne?
Cá bhfuil sásamh is bheith saor ó dhúil?
Ní bhaineann déachas liomsa.

20.3 Cá bhfuil Eolas is neamheolas?
Cá bhfuil "mise"?
Cá bhfuil "seo"?
Cá bhfuil "liomsa"?
Cá bhfuil daoirse
Is saoirse?
Tá an Féin gan tréithe.

kva prārabdhāni karmāṇi jīvanmuktirapi kva vā |
kva tad videhakaivalyaṃ nirviśeṣasya sarvadā || 20-4 ||

kva kartā kva ca vā bhoktā niṣkriyaṃ sphuraṇaṃ kva vā |
kvāparokṣaṃ phalaṃ vā kva niḥsvabhāvasya me sadā || 20-5 ||

kva lokaṃ kva mumukṣurvā kva yogī jñānavān kva vā |
kva baddhaḥ kva ca vā muktaḥ svasvarūpe'hamadvaye || 20-6 ||

kva sṛṣṭiḥ kva ca saṃhāraḥ kva sādhyaṃ kva ca sādhanam |
kva sādhakaḥ kva siddhirvā svasvarūpe'hamadvaye || 20-7 ||

kva pramātā pramāṇaṃ vā kva prameyaṃ kva ca pramā |
kva kiṃcit kva na kiṃcid vā sarvadā vimalasya me || 20-8 ||

20.4 Cá bhfuil karma ag teacht chun solais?
Cá bhfuil saoirse sa bheatha
Nó fiú saoirse sa bhás?
Níl ann ach an tAon.

20.5 Cá bhfuil an gníomhaí
An té a bhaineann sásamh as nithe?
Cá bhfuil tús
Is deireadh na smaointeoireachta?
An domhan sofheicthe, an domhan dofheicthe?
Níl éinne anseo.

20.6 Cá bhfuil an domhan?
Cá bhfuil an té atá ar thóir na saoirse?
Cá bhfuil an manach rinnfheithimh?
Cá bhfuil fear an Eolais?
Cá bhfuil an t-anam i ngeimhle?
Cá bhfuil an t-anam atá saor?
Aontacht é mo nádúrsa.

20.7 Cá bhfuil an cruthú agus an scrios?
Cá bhfuil an deireadh agus sás a dhéanta?
Cá bhfuil an té atá sa tóir ar an bhFírinne?
Cá bhfuil deireadh na tóraíochta sin?
Aon is ea mé.

20.8 Nach cuma cé aige a bhfuil eolas
Cad atá ar eolas aige
Nó conas a thángthas ar an eolas.
Nach cuma cad atá ann, cad nach bhfuil ann.
Airdeall íon mé.

kva vikṣepaḥ kva caikāgryaṃ kva nirbodhaḥ kva mūḍhatā |
kva harṣaḥ kva viṣādo vā sarvadā niṣkriyasya me || 20-9 ||

kva caiṣa vyavahāro vā kva ca sā paramārthatā |
kva sukhaṃ kva ca vā dukhaṃ nirvimarśasya me sadā || 20-10 ||

kva māyā kva ca saṃsāraḥ kva prītirviratiḥ kva vā |
kva jīvaḥ kva ca tadbrahma sarvadā vimalasya me || 20-11 ||

kva pravṛttirnirvṛttirvā kva muktiḥ kva ca bandhanam |
kūṭasthanirvibhāgasya svasthasya mama sarvadā || 20-12 ||

kvopadeśaḥ kva vā śāstraṃ kva śiṣyaḥ kva ca vā guruḥ |
kva cāsti puruṣārtho vā nirupādheḥ śivasya me || 20-13 ||

20.9 Cá bhfuil mearbhall
Machnamh
Eolas
Seachmall?
Cá bhfuil áthas
Cá bhfuil buairt?
Is Ciúnas mé.

20.10 Gan smaoineamh mé de shíor.
Cad is áthas ann
Cad is buairt ann?
Cad atá anseo, anois,
Nó lastall?

20.11 Cad is seachmall ann?
Cad is brí le bheith beo?
Cá bhfuil ceangal
Is neamhcheangal?
Cá bhfuil an phearsa?
Cá bhfuil Dia?
Airdeall mé.

20.12 Cá bhfuil an ghníomhaíocht
Nó an neamhghníomhaíocht?
Cá bhfuil an tsaoirse
Nó an daoirse?
Táimse doroinnte síoraí.
Is mé an Féin, an Féin amháin.

20.13 Cad is prionsabail ann is scrioptúir?
Cá bhfuil an deisceabal
Nó an t-oide?
Cad is cúis le bheith beo?

kva cāsti kva ca vā nāsti kvāsti caikaṃ kva ca dvayam |
bahunātra kimuktena kiṃcinnottiṣṭhate mama || 20-14 ||

|| Oṁ tatsat ||

20.14 Cá bhfuil eiseadh is neamh-eiseadh?
Cá bhfuil Aontacht nó déachas?
Ní eascraíonn aon ní uaimse.
Níl teorainn liomsa, an Absalóid.
Níl faic eile is féidir a rá.

Iarfhocal

Ní gá duit géilleadh do na scéalta a bhaineann leis an saoi Ashtávakra—ach is gá duit an *gītā* aige a thuiscint, nó an *Mahāgītā* mar a thugtar, leis, air, an *Móramhrán*!

Nuair a bhí Ashtávakra i mbroinn a mháthar chuala sé a athair agus na Scrioptúir aige á n-aithris: an chéad rud eile, nár thosaigh sé ag tabhairt amach dó! Níl agat, arsa an suth sa bhroinn leis, níl agat ach tuiscint acadúil do na Scrioptúir. Ní beo suthain ionat iad!

Bhí an t-athair curtha amach mar gheall air sin agus chuir sé a mhallacht ar Ashtávakra. Nuair a tháinig an leanbh ar an saol, bhí ocht mórmháchail ar a chorp agus sin é is brí lena ainm, *aṣṭa* 'ocht', *vakra* 'lúb'. Ní lúbtha cam atá a theagasc, áfach, ach caol díreach!

Míniú eile ar na máchailí sin a bhí air ná go raibh sé ag casadh is ag lúbadh an t-am ar fad sa bhroinn toisc nach raibh na Scrioptúir á n-aithris go cruinn ag a athair, ó thaobh na foghraíochta de. Rud beo, rud beannaithe is ea teanga agus is mór an peaca é oiread is siolla amháin a chur as a riocht.

Agus é ina ógánach, thug Ashtávakra cuairt ar an Rí Janaka agus nuair a chonaic sé na scoláirí móra ann ag gáire faoin gcuma aisteach a bhí air, ar seisean leis an Rí: "Níl iontu san, a Mhórgacht ach gréasaithe bróg, súdairí!" Is é a bhí i gceist aige leis sin ná an méid seo: ní fheiceann an gréasaí bróg is an súdaire ach craiceann an ainmhí, an taobh amuigh.

Thuig Janaka láithreach go bhféadfadh sé rún na beatha a fhoghlaim ón mairtíreach óg sin agus sa chéad véarsa den Gítá lorgaíonn sé an t-eolas sin. Samhlaigh an t-iontas a bhí ar na "gréasaithe" go léir, na cúirtéirí uaisle, nuair a thug an rí "Tiarna" ar Ashtávakra. Ó sea, baineadh preab as na gréasaithe ar chloisteáil an fhocail "Tiarna" dóibh. Lig don leabhar seo, Gítá Ashtávakra, preab a bhaint asatsa.

Conas a tharla sé seo go léir? Deirtear go raibh tromluí ar Janaka. Ionsaíodh a phálás agus b'éigean dó dul ar a theitheadh san fhoraois. Tháinig ocras air tar éis cúpla lá. Chonaic sé manaigh i mbun deasghnátha agus ba mhór an faoiseamh dó an radharc sin: bheadh bia is deoch ar fáil dó. Bhí roinnt leitean ar dhuilleoga banana á dháileadh ag na manaigh ar na boicht agus nuair a fuair Janaka a chuid, d'imigh sé chun a lámha a ní sula gcromfadh sé ar ithe. Ach nuair a tháinig sé ar ais, bhí an leite sciobtha ag gadhar. Dhúisigh sé ina leaba, faoi bhraillíní sróil, allas air.

Cad ba bhrí leis an taibhreamh? Ní raibh na scoláirí—na gréasaithe—ar aon fhocal. Na nithe a thit amach dó sa taibhreamh, ar tharla siad? Dáiríre fíre? Cad is taibhreamh ann sa chéad áit? Nuair nach raibh freagra ar bith ar fáil, nocht Ashtávakra na nOcht gCam. Thosaigh na scoláirí—na maithe is na móruaisle—ag gáire faoi. Thosaigh Ashtávakra ag gáire ar ais. Gréasaithe a thug sé orthu, nó súdairí. Is é an súdaire—sa tSanscrait *śūdra*—an ceast nó an tsainaicme is ísle san India.

Mhínigh Ashtávakra don Rí Janaka nach raibh aon bhunús lena thaibhreamh agus nach raibh bunús dá laghad lena raibh ag tarlú thart air anois díreach ach oiread, agus é ina dhúiseacht: mhínigh sé dó nach bhfuil ann ach Airdeall. Airdeall is ea an uile ní. Agus sin cúlra an Gítá Ashtávakra anois duit, an Maha Geeta, an Móramhrán. Nár dhéana sé dochar duit.

Sūtra an focal Sanscraite ar "véarsa": "snáth" is brí leis. Rud caol. Chaithfeadh na véarsaí a bheith caol, gonta mar nach raibh leabhair ann ag an am. *Samhita* a thugtar ar bhailiúchán de na véarsaí sin, an ceann áirithe seo ag dul siar ceithre chéad bliain, nó níos mó, roimh Chríost. Deir daoine eile gur téacs cuibheasach nua é agus gur sa cheathrú haois déag nó mar sin a bhláthaigh an máistir gan ainm, duine a tháinig faoi anáil scoil cháiliúil Adi Shankara, agus a lig air gurbh é Ashtávakra ón gcúigiú haois roimh Chríost é. Dáiríre, is cuma!

Nuair a d'iarr Ramakrishna ar a dheisceabal Vivekananda an téacs iontach seo a léamh amach dó, bhí alltacht ar Vivekananda. Tiarna na Cruinne a thabhairt ort féin? Blaisféime! Bhí a fhios ag Ramakrishna nach léifeadh sé go deo as a stuaim féin é; sin an fáth ar iarr sé air é a léamh os ard dósan. Níorbh fhada gur thuig Vivekananda i gceart cad a bhí á léamh amach aige dá mháistir.

Nasc le leagan Béarla de chuid John Richards
https://en.wikisource.org/wiki/Ashtavakra_Gita

Nasc le leagan Béarla de chuid Bart Marshall
http://www.holybooks.com/ashtavakra-gita/

Eagrán Béarla de chuid Thomas Byrom foilsithe ag Shambhala Dragon Editions (1990) is ea *The Heart of Awareness*, faoina ndúirt Ram Dass:
"*As water wears away stone, so these profoundly simple truths wear away illusion.*"

www.ingramcontent.com/pod-product-compliance
Lightning Source LLC
Chambersburg PA
CBHW031849090426
42741CB00005B/418
* 9 7 8 1 7 8 2 0 1 2 5 7 3 *